Otto Eduard Schmidt

# Arpinum

*Ihre Geschichte bis zum Ende der römischen Republik*

**EHV**
HISTORY

Otto Eduard Schmidt

**Arpinum**

*Ihre Geschichte bis zum Ende der römischen Republik*

ISBN/EAN: 9783955641900

Auflage: 1

Erscheinungsjahr: 2013

Erscheinungsort: Bremen, Deutschland

Schmidt, Otto Eduard

# ARPINUM

Meissen 1900

C.E. Klinkicht

Italien bildete während der Blüte des Römertums einen Bundesstaat, der aus einzelnen, ursprünglich selbständigen Stadtstaaten (civitates) zusammengefügt war. Rom, die führende und herrschende Gemeinde, verlangte zwar von den Bundesgliedern, dass sie unter Verzicht auf selbständige Politik alle militärischen Kräfte der Hauptstadt zur Verfügung stellten[1]), aber es liess ihnen doch in den meisten Fällen die niedere Gerichtsbarkeit und die volle kommunale Selbstverwaltung. So kam es, dass, als die stadtrömische Bevölkerung seit der Gracchenzeit rasch entartete, sich in den Municipien Italiens eine Vorratskammer nationaler Kraft offenbarte, die im Zeitalter des Übergangs zum Principat und danach noch über das erste Jahrhundert der Kaiserzeit hinaus das Reich nicht nur mit Soldaten, Feldherren und Beamten, sondern auch mit Dichtern und Gelehrten versorgte. Aber allmählich floss der Strom des Lebens auch von den Triften und Bergen Italiens spärlicher, und seit Hadrian sah sich der humane Absolutismus des 2. nachchristlichen Jahrhunderts gezwungen, die Selbstverwaltung der Gemeinden mehr und mehr einzuengen. Schliesslich sammelte der asiatische Despotismus Diokletians und Constantins die letzten dünnen Rinnsale römisch-italischer Kraft notgedrungen in das Becken des allerheiligsten und allerpersönlichsten Herrscherwillens, weil man nur noch bei der schärfsten Konzentration aller Mittel den Kern des Reiches zu behaupten vermochte. Aber diese „Hilfe“, ein trauriges Zeichen der allgemeinen starren Hilflosigkeit, vernichtete die letzten kümmerlichen Reste bürgerlicher und municipaler Bewegungsfreiheit und führte das Ende des Römertums in Italien herauf. —

Es ist eine lockende Aufgabe, einmal nicht Rom selbst, sondern eins der andern bedeutenderen italischen Gemeinwesen auf diesem Wege von der Wiege bis zum Grabe zu begleiten, noch lockender freilich, wenn man auch die andere daranschlösse, zu sehen, wie durch das daraufgepflanzte Germanentum neues Leben aus den Gräbern sprosste und wie sich ein solches Gemeinwesen dann durch die Stürme des Mittelalters hindurchgearbeitet hat bis zum nützlichen Gliede des modernen italischen Nationalstaates. Aber eine so grosse Aufgabe würde Zweck und Maass dieser Abhandlung überschreiten. So muss ich mich im wesentlichen auf das Altertum beschränken. Als Gegenstand meiner Studie aber habe ich Arpinum gewählt, weil diese Stadt weit genug von Rom entfernt lag, um nicht allzubald von ihm verschlungen zu werden, und doch auch wieder nahe genug, um mit der Hauptstadt in lebhaftem Austausch der Kultur zu stehen, ferner, weil Arpinum in zwei aufeinander folgenden Generationen der römischen Geschichte je einen grossen Namen gegeben hat: Marius und Cicero, und endlich, weil sich mir das Bild von Arpinum und seiner landschaftlichen Umgebung im Frühling 1898 bei mehrtägigem Aufenthalte mit so unauslöschlichen Farben eingeprägt hat, dass ich hoffen darf, es werde hie und da in meine Darstellung der Vergangenheit Arpinums ein belebender und aufklärender Lichtstrahl aus der Gegenwart hineinleuchten.

---

1) Liv. XXXVIII. 8: *ad ea adiecturum etiam in foedus esse, ut eosdem quos populus Romanus amicos atque hostes habeant.*

1

Die Quellen zur Geschichte Arpinums im Altertum fliessen recht spärlich. Verhältnismässig am ergiebigsten sind die Reden, Schriften und Briefe Ciceros, in zweiter Linie stehen die Inschriften, die ich in der Bearbeitung Mommsens im X. B. des Corpus Inscr. Lat. benutzt habe, und zwar kommen für unsern Zweck nicht nur die in Kap. LXXI unter „Arpinum" zusammengestellten in Betracht, sondern auch die von Atina (LXI), Interamna Lirenas (LXIV), Casinum (LXIII), Aquinum (LXVI), Fabrateria Nova (LXVII), Frusino (LXIX), Rocca d'Arce (LXX), Isola di Sora (LXXII), Sora (LXXIII), Cereatae Marianae (LXXIV) und Verulae (LXXV), weil die genannten Orte teils zum Gebiete von Arpinum gehörten, teils darangrenzten (s. u.); zu vergleichen sind auch die von M. Ihm im VIII. B. der Eph. epigr. p. 146—154 veröffentlichten Ergänzungen. An dritter Stelle sind zu nennen einzelne Angaben über Arpinum bei Sallust, Livius, Plinius, Juvenal, Martial, Sueton, Valerius Maximus, Aurelius Victor, Festus, Silius Italicus, den Ciceroscholiasten und Paulus Diaconus, ferner bei Diodor, Strabo und Plutarch.

Eine wissenschaftliche Monographie über die Geschichte von Arpinum ist mir nicht bekannt. Die meisten Arbeiten der Italiener über diesen Stoff sind völlig unkritisch[1]) und stützen sich teilweise auf die verfälschten oder gar erdichteten Inschriften, die der Neapolitaner Grossi (1756—1823) seinen Werken: „I viaggi di Apollonio Evandro etc." und „I Volsci, indi Lazio nuovo", III v. 1813—1816 einverleibt hat. Aus diesem Grunde können als zuverlässige Vorarbeiten zu einer Geschichte Arpinums eigentlich nur die von Mommsen verfasste Einleitung zu den Inschriften von Arpinum (CIL. X, p. 556—557) und die darauf fussenden Artikel „Arpinum" in Ruggiero's Dizionario epigrafico und in Pauly-Wissowas Realencyklopädie II, S. 1218 f. — dieser ist von Chr. Hülsen verfasst — in Betracht kommen.

Selbstverständlich ist mir das Buch von Kuhn „Die städtische und bürgerliche Verfassung des römischen Reichs" (Leipzig 1864/65) bekannt, doch hat es mir wenig genützt, da es auf die Städte Italiens fast gar nicht eingeht und sich mehr in der Erörterung allgemeiner Fragen bewegt. Das verdienstvolle Werk von Liebenam „Städteverwaltung im römischen Kaiserreiche", Leipzig 1900, habe ich bei der Ausarbeitung des Stoffes nicht mehr benutzen können, doch habe ich es wenigstens vor der Drucklegung an allen wichtigeren Punkten eingesehen.

---

1) Ich nenne das Buch des Benedictiners Clavelli (von Monte Casino): L'antico Arpino, Napoli 1623. Darin findet sich bereits das famose Grabmal Ciceros mit der Inschrift: „M. Tulli Cicero have. Et tu Tertia Antonia" nebst Aschenurne und Thränenkrüglein abgebildet, „dalla propria figura, che come testimonio oculato apporta Frà Desiderio Ligniameno Minorita . . affirmando qualmente ne gli anni 1544 à di primo di Decembre cavandosi nell' Isola del Zante presso alla spiaggia del mare per la costruttione d'una Chiesa, si scopri casualmente sotto d'alcuni rottami d'antiche fabriche. . ." Diese offenbaren Fälschungen sind noch in unserem Jahrhundert z. B. von Charles Kelsall „Classical excursion from Rome to Arpino" Geneva 1820 reproduziert worden, wenn auch mit leisem Zweifel an ihrer Echtheit S. 205. — Die Bücher von Quadrimi, Cenno storico monografico della città d'Arpino, Napoli 1840 und das von Mariani, Arpinum and its antiquities in the days of Cicero, Londini 1871, sind mir nicht zur Hand gewesen, doch vergleiche über sie das Urteil Mommsens CIL. X, p. 557. Von dem neueren Werke Marianis „M. T. Cicerone e i suoi tempi" Napoli 1898 sind mir die ersten Lieferungen als ein Geschenk des Verfassers zugegangen. Nicht unbekannt ist mir auch das treffliche Buch von Pistilli „Descrizione storicofilologica delle antiche e moderne città e castelli esistenti accosto i fiumi Liri e Fibreno" 1798. Dagegen bedauere ich, dass mir Scafi, Notizie storiche di Santopadre (Sora 1871) trotz aller Bemühungen unerreichbar geblieben ist.

# Die Stadt Arpinum bis zum Ende der römischen Republik.



Im Herzen Italiens, inmitten eines vielgliedrigen, von den Flüssen Liris, Fibrenus und Melfis umrauschten Berglandes liegt auf einem weithin sichtbaren felsigen Abhange die Stadt Arpino, das alte Arpinum. Der Felsenhang, mit dem sie von einer Höhe von 627 m zu einer solchen von 450 m nach Westen zu niedersteigt, ist ein Ausläufer des gegen 800 m hohen Faglieto, der ungefähr in der Mitte zwischen dem oberen Melfis und dem mittleren Liris zu suchen ist.[1) Der moderne Reisende erreicht Arpino mit der Eisenbahn von Roccasecca aus, wo eine Zweigbahn nordwärts von der Hauptlinie Rom-Neapel abgeht. Von der etwa 250 m hoch gelegenen Station sieht man nur die westlichsten Häuser von Arpinum auf einem überhängenden, fast unersteiglich scheinenden Felsen. Aber nordwärts vom Stationsgebände führt ein steiniger Pfad in eine mit Olivenhainen besetzte graugrün schimmernde Thalmulde und in dieser in steiler Zickzacklinie aufwärts zur Stadt. Der Weg ist nicht fahrbar; Briefe und Postpackete trägt ein Esel hinauf, der auch von den Reisenden als Reittier benutzt wird. Viel bequemer und auch landschaftlich schöner ist die von Isola del Liri — der nächsten Eisenbahnstation — in sanften Windungen südostwärts nach Arpinum hinaufführende Fahrstrasse, auf der man die Stadt bei einem alten Palaste, der das einzige erträgliche Gasthaus enthält, erreicht; wenige Schritte weiter passiert man das nach Norden schauende uralte Thor der cyklopischen Ringmauer. Die Strasse führt am Südende der Stadt wieder heraus und nun zweigeteilt in südwestlicher Richtung abwärts zu der grossartigen zwischen Fontana Liri und Arce liegenden Pulverfabrik, und südlich in zahlreichen Windungen hinauf nach Santopadre (760 m). — Arpino ist heute eine etwas stille Stadt von etwa 11200 Einwohnern, die meist in den umliegenden Wein- und Ölpflanzungen und mit Getreidebau beschäftigt sind oder ein Handwerk oder ein kleines Geschäft betreiben; nur ein kleiner Teil der Bevölkerung ist noch in der alteinheimischen Wollindustrie thätig. Die Erwerbsverhältnisse des niederen Volks können nur dürftige sein, denn die ganze Stadt macht einen unsauberen, ärmlichen Eindruck, der

---

1) Es könnte überflüssig erscheinen, die Lage von Arpinum genauer zu bestimmen, wenn nicht in den Biographien Ciceros darüber immer wieder falsche Angaben gemacht würden. So beginnt z. B. das umfangreiche Lebensbild Ciceros, das der treffliche C. A. F. Brückner 1852 veröffentlicht hat, mit dem Satze: „Zwischen Sora im Norden und Fregellae im Süden, etwas oberhalb der Stelle, wo der von den Apenninen herabstürzende Fibrenus sich in den Liris ergiesst, lag im ehemaligen Gebiete der Volsker die Stadt Arpinum." Dieser Satz enthält 3 Fehler; denn 1) stürzt sich der Fibrenus nicht von den Apenninen herab, sondern entspringt im See von Posta, einige Stunden östlich von Isola. 2) liegt Arpinum nicht oberhalb, sondern unterhalb der Fibrenusmündung. 3) liegt Arpinum überhaupt nicht im Liristhale, sondern ist davon durch Hügelland getrennt und über eine Wegstunde vom Bette des Flusses entfernt. Aus diesem Grunde ist auch die Angabe in Pauly-Wissowas Realencyklopädie II, S. 1218: „Arpinum auf einem steilen Hügel im Liristhale" zum mindesten ungenau.

1*

4

noch durch die engen Strassen und das dunkle, verwitterte Aussehen der meisten Häuser verstärkt wird. Noch vor einem Jahrzehnt stand die Wollindustrie Arpinos in Blüte; die erzeugten Stoffe wurden besonders in Unteritalien abgesetzt.[1]) Heute bestehen nur noch 4 kleine Fabriken, die ordinäre Artikel für den häuslichen Verbrauch der Einheimischen anfertigen. Dieser Rückgang erklärt sich besonders aus der Lage der Stadt, weitab vom grossen Verkehr, und zweitens aus dem Mangel natürlicher Betriebskräfte: das benachbarte, an den rädertreibenden, ausdauernden Wassern des Liris und Fibrenus gelegene Isola hat sich in demselben Masse gehoben, in dem Arpinum zurückging. Eine andere Industrie der Arpinaten von altersher, die ihre Blüte bewahrt hat, ist die Herstellung von Pergament, das in Rom und besonders im Vatikan sehr geschätzt wird. Das Rohmaterial dazu bilden die Felle der Lämmer und jungen Ziegen, die in der Stadt und den Nachbarorten verzehrt werden. Aus demselben Rohmaterial fertigt man auch ein zartes Leder, das unter dem Namen Baseno besonders in Neapel verkauft wird. Arpino besitzt zwei höhere Lehranstalten: ein Königliches Gymnasium, Liceo Tulliano, mit einem Nationalkonvikt unter einem Direktor, 12 Professoren, einem Turnlehrer etc. und 145 Schülern; ferner eine Königliche Gewerbeschule für Weberei und Färberei (scuola professionale Regia di tessitura e tintura) mit 35 Tages- und 60 Abendschülern unter einem Direktor und 5 Professoren.

Möge der altehrwürdigen Stadt ein baldiges Wiederaufblühen beschieden sein: das erste Erfordernis dazu dürfte die Anlage einer direkten Fahrstrasse zur Eisenbahnstation Arpino sein, das zweite die Herstellung eines elektrischen Kraftwerkes im Liristhal mit Hilfe der Fälle dieses schönen Stromes, damit die noch lange nicht genügend ausgenützte Wasserfülle des Thals, wenn auch in anderer Gestalt, als belebender Funken den felsigen Höhen zu gute käme.

---

Ursprung und<br>Name der Stadt. Arpinum gilt allgemein und wohl mit Recht als eine Gründung der Volsker.[2]) Dieser kräftige und kriegerische Stamm der Italiker ist in grauer Vorzeit vermutlich von Norden her, den Wassern des Liris folgend, in das zwischen diesem und dem Melfis liegende Bergland eingewandert und hat sich dann weiter nach Süden und Südwesten gegen die immergrüne Küste Latiums ausgebreitet, doch so, dass der Unterlauf des Liris und das den Golf von Gaeta umgebende Bergland nicht ihnen, sondern den Aurunkern zu teil wurde. Dagegen beherrschten die Volsker die latinische Küste von Tarracina (Anxur) bis über Antium hinaus. So kamen sie frühzeitig in Berührung mit den an der Küste Campaniens siedelnden Griechen.[3]) Ihre wichtigsten Gaue sind von Norden an Antinum, Sora, Arpinum, Atina, Fregellae, Aquinum, Iteramna Lirenas, Casinum, Fabrateria, Signia, Norba, Setia, Privernum, Antium, Circeji, Anxur.

---

1) Diese und die folgenden Notizen über das Erwerbsleben Arpinos verdanke ich Herrn Daniele Derossi, Professor an der Scuola professionale in Arpino.

2) Suet. fragm. p. 289 (Roth): *M. Tullius Cicero Arpini nascitur . . ex regio Volscorum genere.* Schol. Bobb. ad. Cic. pro Sulla, p. 367: *Ciceronem natione Vulscum Arpino municipio . . .*

3) Skylax 9: *Λατίνων δὲ ἔχονται Ὀλσοί. Ὀλσῶν δὲ παράπλους ἡμέρας μιᾶς;* vgl. Nissen, Ital. Landeskunde I, Seite 518.

Über die Zeit, in der Arpinum gegründet wurde, lässt sich keine Vermutung anstellen, doch lässt der hohe, felsige Ort erkennen, dass bei der Gründung von Arpinum die Rücksicht auf die Sicherheit massgebend war.  Der Name Arpinum, den uns mittelalterliche Geschichtsschreiber in der Form Hirpinum, Irpinum, Erpinum überliefern,[1] ist wohl verwandt mit dem Volksnamen der Hirpini, den Städtenamen Urbinum und Arpi[2] und von hirpus, irpus == Wolf abzuleiten.  Der Wolf ist ein heiliges Tier des Mars, des Hauptgottes der Wanderzeit.  Arpinum bedeutet also vermutlich „Wolfsort“.  Es ist nicht wahrscheinlich, dass die auf der Höhe von Arpinum und in der Nähe hausenden Volsker sehr bald nach ihrer Ansiedlung das Riesenwerk des Mauerbaues unternahmen, dessen Reste noch heute die wichtigste Sehenswürdigkeit der Stadt bilden.  Zunächst wohnten sie wohl, in Gaue gegliedert (S. 25), in offenen oder nur mit Pallisaden verschanzten Dörfern.[3]  Erst allmählich bildete sich unter den Fehden mit den raublustigen Nachbarn das Bedürfnis aus, steinerne Mauern zu bauen.  Von Norden, von den Ufern des jetzt teilweise ausgetrockneten Lacus Fucinus her, drangen die kriegsgewaltigen Marser in die oberste Thalstufe des Liris vor und entrissen den Volskern Antinum.[4]  Noch weit gefährlicher erwiesen sich die das Volskerland längs der ganzen Ostgrenze bedrohenden Samniten.  Zwar hatte die Natur selbst zwischen das samnitische Thal des oberen Volturnus und das volskische Thal des Melpis mehr als einen Bergzug von beträchtlicher Höhe (bis zu 2000 m und darüber) geschoben, aber diese liessen sich nach Süden zu umgehen, und von Venafrum aus öffnete sich der Pass (jetzt Passo Annunziata Lunga) hinüber in die fruchtbaren Gefilde von Casinum und von da über Aquinum nach Fregellae, Arpinum und Sora.  Die Raubzüge, die die Bergsamniten auf

Fehden mit den<br>benachbarten<br>Stämmen führen<br>zum Bau der<br>cyklopischen<br>Mauer.

---

1) Paulus Diac. Hist. Langob. VI, 27 (Mon. Germ., script. rer. Lang. et Ital., p. 174, 15: *Hac denique aetate (VII. saeculo p. Chr. exeunte) Gisulfus Beneventanorum ductor Suram ⟨Soram⟩, Romanorum civitatem, Hirpinum atque Arcim* (s. S. 30) *pari modo oppida cepit.*  Chronica S. Benedicti Casinensis (Mon. Germ. l. l. p. 475, 23): *Nam dictus Ademari Suram, Erpinum, Vicum Album* (== Vicalvi, südlich vom Laco della Posta) *et Atinen (Atina) tradidit Francis, id est Widoni comiti* (um 860 n. Chr.) vgl. p. 479, 42: *Arpinum*, 498, 45: *Yrpinum.*

2) *Arpi* wird gelegentlich mit *Arpinum* verwechselt, z. B. von Plutarch Cic. 8: Ἐκέκτητο δὲ χωρίον καλὸν ἐν Ἄρποις καὶ περὶ Νέαν πόλιν ἦν ἀγρὸς καὶ περὶ Πομπηίους ἕτερος, οὐ μεγάλοι.  Das Citat Varros rer. rust. I, 8, 2: *iugorum* ⟨sc. *vineae*⟩ *genera fere quattuor, pertica, harundo, restes, vites: pertica, ut in Falerno, harundo, ut in Arpano, restes, ut in Brundisino, vites, ut in Mediolanensi* . . bezieht sich offenbar auf Arpi in Apulien, obwohl Mommsen (CIL. X, p. 556) und nach ihm Hülsen a. a. O. diese Stelle auf Arpinum beziehen.  Denn obwohl in der Umgegend von Arpinum recht guter Wein wächst, so ist der Ertrag doch nur spärlich und die volskische Bergstadt war kein so ausgesprochener Weinort, dass sie sich mit dem Ager Falernus und den Ebenen von Brundisium und Mediolanum vergleichen liesse.  Ausserdem kann doch auch sprachlich die Form *Arpanus* und *Arpinus* nur als Adjektivum zu *Arpi* gelten (vgl. z. B. Liv. 24, 47); das Adjektivum zu Arpinum heisst *Arpinas*.  Wenn Mommsen und Hülsen Arpinus auch als Adjektivum von Arpinum gelten lassen wollen und sich dafür auf Martial X, 19, 18 berufen:
*Arpinis quoque comparare chartis,*
so ist diese Stelle nicht stichhaltig; denn Martial nennt IV, 55, 3 Ciceros Heimat nicht Arpinum, sondern Arpi: *Arpis cedere non sinis disertis.*
Martial macht sich also, sei es aus Nachlässigkeit — was ich für wahrscheinlicher halte — sei es aus Unwissenheit, desselben Fehlers schuldig, wie Plutarch (s. o.); vgl. W. Gilbert, Ad Martialem quaest. crit. Progr. von Dresden-N. 1883 p. 4 adn. 3.

3) Appian b. c. I, 51 erzählt, dass Aeclanum noch im Sullanischen Bürgerkrieg nur mit einer hölzernen Mauer befestigt war; vgl. Helbig, Die Italiker in der Poebene. S. 45.

4) Dass das oberste Liristhal mit Antinum, ja sogar das Südufer des Lacus Fucinus, ursprünglich volskisch gewesen ist, folgt aus der Notiz des Livius IV, 57, 7 zum Jahre 408 v. Chr.: *Victor exercitus depopulatus Vulscum agrum.  Castellum ad lacum Fucinum vi expugnatum atque in eo tria milia hominum capta ceteris Vulscis intra moenia compulsis nec defendentibus agros.*

diesem Wege mit überlegener Kraft und wachsendem Erfolge ausführten, werden ganz besonders dazu geführt haben, dass die volskischen Gaue sich Zufluchtsstätten errichteten, in denen im Notfalle die gesamte Bevölkerung mit dem Vieh und der besten Habe geborgen werden konnte. So entstanden die aus behauenen Marmorblöcken, aber ohne Mörtel in polygonaler Schichtung errichteten Riesenbauten, die wir cyklopische zu nennen pflegen.[1]) Die ungeheure Arbeit, die in diesen alten Bauten geleistet worden ist, setzt eine jahrhundertlange Entwicklung derjenigen Keime des Gemeingefühls und der Technik voraus, die uns in der Urform der italischen Siedlungen, in den rechteckigen Pfahldörfern der oberitalischen Terremare entgegentreten; denn es sind zu den cyklopischen Mauerringen von den Bürgern selbst und den wenigen im Kriege erbeuteten Sklaven nach einem einheitlichen Plane mit den elementarsten Mitteln Steinblöcke von mehreren Kubikmetern Inhalt bewegt worden. Und so kommt denn in den Stadtburgen Mittelitaliens, die mit denen von Tiryns und Mykene in Vergleich treten, nicht nur die Not der Zeit, sondern auch die hoch entwickelte Kraft und die trotzige Geschlossenheit des antiken Stadtstaates zur Erscheinung.[2])

Solche cyklopische Gau- oder Volksburgen fanden sich, wie die noch vorhandenen Ruinen zeigen, im Volskerlande zu Atina, Aquinum, Arpinum, Sora, Signia, wohl auch in Arcis (d h. Arce, s. u. S. 23) und anderwärts. Doch ist diese Bauweise keineswegs auf das Volskerland beschränkt: sie findet sich ebenso bei den Hernikern (am grossartigsten in Aletrium ⟨Alatri⟩), bei den Latinern und Etruskern.

Umfang und<br>Thore der Mauer.

Die polygonale Cyklopenmauer in Arpinum beginnt hoch über der eigentlichen Stadt auf dem 627 m hohen Felsenhange und zieht sich von diesem Scheitelpunkte aus in zwei gekrümmten Schenkeln, also etwa in Form einer Parabel den Abhang hinunter, die Stadt auf der Nord- und Südseite umfassend, bis zu jenem steilen Felsabsturz hoch über der Eisenbahn (s. S. 3), der die Westgrenze der Stadt bildet. Fast vollständig erhalten sind die Mauern vom höchst gelegenen Scheitel herab bis an die Häuser der Stadt, weiterhin nach dem Westende zu einzelne Stücke, im Ganzen sind mehr als 1500 m der Mauer bis auf diesen Tag vorhanden. Doch mag ihre ursprüngliche Ausdehnung etwa das Doppelte, gegen 3 Kilometer, betragen haben. Somit ist die Cyklopenmauer von Arpinum die umfangreichste und grösste Anlage dieser Art. Sie wird von der Burg von Alatri zwar bezüglich der Struktur und Höhe der Mauern, sowie bezüglich der Grösse der bewältigten Blöcke übertroffen, nicht aber bezüglich des Umfanges; denn die in Alatri ummauerte Fläche hat nur etwa 200 m Länge, 100—125 m Breite, also etwa 20000 Quadratmeter Flächeninhalt, während die von Arpino, da sie die ganze Stadt mit einschloss, etwa ³/₄ Million Quadratmeter hält. Da Arpinum auf der Westseite keinen Zugang hat, besass die cyklopische Mauer, wie es scheint, nur drei grössere Thore: das wohlerhaltene nördliche, durch das man die Stadt von Isola herkommend betritt, das südliche in der Richtung auf Arce und das

---

1) Die italienische Volkssage behauptet noch heute, die Burgen in den 5 mit a anlautenden Orten: Arpino, Atina, Alatri, Anagni, Aquino seien von dem Gotte Saturn erbaut, wie mir s. Z. Herr Professor Daniele Derossi in Arpino erzählte.

2) Ausführlicher habe ich darüber gesprochen in meinem Aufsatze „Frühlingstage am Garigliano", Grenzboten 1898, III, S. 356 f. Der grösste Marmorblock einer Cyklopenmauer, den ich gesehen habe, die Deckplatte des südöstlichen Burgthors von Alatri hat 5 m Länge, 1,60 m Höhe, 1,75 m Dicke.

östliche auf dem höchsten Punkte der Anlage (627 m); doch ist es nicht nach Osten zu gerichtet, sondern nach Nordosten, und ich bin auch nicht sicher, ob es zur ursprünglichen Anlage gehört; denn es unterscheidet sich von den entschieden uralten anderen Thoren in der Konstruktion dadurch, dass die an der Innenseite geschweiften Marmorblöcke höher sind als tief. Auch befindet sich zu beiden Seiten mittelalterliches Flickwerk aus kleineren Steinen. Es ist also nicht undenkbar, dass dieses Thor erst im Mittelalter gebrochen wurde, als hier oben eine longobardische oder fränkische Burg entstand, von der wenige Schritte abwärts ein viereckiger Steinturm und anderes Mauerwerk erhalten ist. Dagegen gehörte unzweifelhaft zur ursprünglichen Anlage ein aus 6—7 Schichten von fast meterhohen, innen geschweiften Blöcken emporgetürmtes Spitzbogenthor, das an ein ähnliches, nur weniger zugespitztes in Segni, noch mehr aber an die bekannte Galerie von Tiryns erinnert. Die heutigen Arpinaten behaupten, dass noch vor wenigen Jahrzehnten auf den oben fast zusammenschliessenden Steinen eine Deckplatte gelegen habe und zeigen als solche einen unweit des Thores am Boden liegenden Stein; der andauernde Druck dieser Platte soll die beiden obersten Kragsteine einander so sehr genähert haben, dass der Magistrat, weiteren Einsturz befürchtend, in der Mitte des Thores einen unschönen Stützpfeiler für die beiden oberen Kragsteine in die Höhe mauern liess.[1]) Es wäre dringend zu wünschen, dass dieser Stützpfeiler wieder entfernt, die Kragsteine aber durch Metallstäbe und Klammern wieder in die richtige Lage gebracht und — wenn er überhaupt darauf gehört — der Deckstein wieder daraufgelegt werde. Dieses Spitzbogenthor gewährt jetzt keinen Ausgang aus dem Mauerringe, weil der Zugang von aussen durch mittelalterliches Mauerwerk gesperrt ist. Es schaut, wenn ich nicht sehr irre, ungefähr nach Westen — weil die im ganzen westwärts laufende Mauer dort eine südliche Einbiegung macht — und war wohl für diejenigen bestimmt, die von den nordöstlich der Stadt liegenden Thälern und Bergen her Schutz suchten. Endlich ist noch ein kleines rechteckiges, an der Nordseite der Mauer weiter unten gelegenes Thor zu erwähnen, so schmal und niedrig, dass nur ein Einzelner hindurchgehen kann; ich besinne mich, eine ähnliche Pforte z. B. in der Stadtmauer von Pästum gesehen zu haben. — Von besonderer Wichtigkeit ist das Verhältnis des Mauerrings zur Stadt. Gewöhnlich fasst man es so auf, dass der Mauerring den Umfang der alten

Verhältnis des<br>Mauerrings zur<br>Stadt.

---

1) Gregorovius sah im Jahre 1859 den Schlussstein noch auf dem Spitzbogen liegen, denn er schreibt Wanderjahre II, 256: „In der Regel schliessen solche Thore mit einem spitzen oder gestumpften Winkel ab, wie in Alatri, Segni und Norba; aber dieser hier läuft in einer beinahe gotischen Linie aus. Doch liegt auch auf seiner Spitze der Schlussstein, so dass die Wölbung durch zufällige Senkung entstanden sein kann. Die Wände bestehen aus dreifach nebeneinander gestellten Blöcken, zu sechs übereinander in jeder Reihe, so dass das Thor acht Schritte breit, sieben Schritte innerhalb lang und etwa fünfzehn Fuss hoch ist." Merkwürdigerweise aber hat Charles Kelsall („Classical excursion from Rome to Arpino", p. 78) im Jahre 1820 das Thor ohne Schlussstein gesehen. Auch Madame Dionigi veröffentlichte in ihrem 1809 erschienenen Werke: Viaggi in alcune città di Lazio, tav. 54 ein Bild des Thores ohne Schlussstein, das von W. Abeken in dem bekannten Buche „Mittelitalien vor den Zeiten römischer Herrschaft, 1843", Taf. II, 3a wiederholt worden ist. Indes hat auch Abeken selbst das Thor gesehen und einen von ihm selbst gezeichneten Grundriss a. a. O. Taf. II, 3b hinzugefügt, ohne etwas von einem Schlussstein zu bemerken (S. 160; 442). Daraus muss man wohl schliessen, dass das Thor von 1809—1843 keinen Schlussstein trug, dass dieser also, falls Gregorovius sich nicht geirrt hat, zwischen 1843 und 1859 daraufgelegt worden und darnach wieder heruntergestürzt ist. Somit ist der Zweifel berechtigt, ob er überhaupt ursprünglich auf dem Thore gelegen habe oder ob etwa von Altertumsfreunden irrtümlicherweise eine der herumliegenden Steinplatten als Deckplatte des Thores angesehen und daraufgelegt worden sei, weil das ähnlich konstruierte Thor von Signia (Abeken a. a. O. Taf. II, 2) eine solche Deckplatte aufweist.

Stadt bezeichne, dass also das heutige Arpino weit kleiner sei als das alte.[1]) Dieser Ansicht kann ich nicht beipflichten; denn wäre die ganze von den Mauern umschlossene Fläche im Altertum bebaut gewesen, so müsste Arpinum eine Stadt von gegen 100000 Einwohnern gewesen sein. Ausserdem aber zeigt das hinter der jetzigen Stadt zwischen den Mauern ansteigende Gelände keinerlei Ruinen, sondern fast überall den nackten, in natürlichen Stufen ansteigenden Felsen. Nur das oberste Ende des Mauerrings, nahe am Scheitel der Parabel, ist von der kleinen Ortschaft Civitavecchia besiedelt; doch stammt dieser Name vermutlich erst aus dem Zeitalter der Renaissance (s. S. 32); in alter Zeit lag dort oben vermutlich nur eine kleine Burg, deren Besatzung es verhindern sollte, dass etwa ein Feind unversehens von Osten heranrücke und die Mauer übersteige. Dagegen war das alte Arpinum wohl auch nicht viel grösser als das heutige und lag auf demselben Flecke wie das moderne; denn nur dieser Fleck bot ebenen Raum für die Anlage eines Forums, das wohl dem heutigen Marktplatze entsprach. Der grosse Raum aber zwischen der oberen Burg und der Stadt diente als Asyl für die gesamte Landbevölkerung der umliegenden Gaue. Erst unter dieser Voraussetzung versteben wir die Grösse der ganzen Anlage.

**Zeit des Mauerbaues.** Die Zeit, in der die polygonale Mauer von Arpinum errichtet wurde, lässt sich natürlich nicht genauer bestimmen. Stammt die oben citierte Angabe des Liv. IV, 57, 7: *ceteris Vulscis intra moenia compulsis nec defendentibus agros* aus einer annalistischen Quelle und bezieht sie sich auf die Zeit um 408 v. Chr., so müssen damals die cyklopischen Gauburgen der Volsker am mittleren Liris schon vorhanden gewesen sein; demnach wäre auch die von Arpinum spätestens im fünften vorchristlichen Jahrhundert erbaut worden, vielleicht aber auch schon ein bis zwei Jahrhunderte früher.[2])

**Arpinum von den Römern erobert (305 v. Chr.).** Im vierten Jahrhundert v. Chr. liess die kriegerische Kraft der Volsker allmählich nach. Von Süden und Westen her von den Römern, im Osten von den Samniten gepackt und bedrängt, verlieren die Volsker des Liristhales ihre Selbständigkeit. Schon 345 v. Chr. wird Sora durch einen Überfall von den Römern erobert und erhält eine römische Besatzung.[3]) Aber 315 v. Chr. fallen die Soraner zu den Samniten ab und erschlagen die römische Besatzung;[4]) damals waren wohl auch die Arpinaten mit den Samniten im Bunde.[5]) 314 (oder 312)[6]) wird Sora von den Römern wiedergenommen, und 225 Soraner büssen ihren Frevel auf dem Forum in Rom durch das Beil.[7]) Trotzdem wird Sora im Jahre 306 nochmals von den Samniten erobert[8]) und erst am Ende des zweiten Samnitenkrieges 305 v. Chr. samt Arpinum und Cesennia endgiltig an die Römer abgetreten.[9])

**Arpinum civitas sine suffragio (303-188 v. Chr.).** Die Behandlung der beiden Nachbargemeinden Sora und Arpinum durch die Römer gestaltete sich nach dem Grundsatze „Divide et impera" recht verschieden. Sora, das mehr-

---

1) Baedeker, Unteritalien, S. 188: „Die heutige Stadt nimmt nur einen kleinen Teil des alten Arpinum ein." Vorsichtiger drückt sich Gregororius, Wanderjahre II, S. 255 f. aus.

2) Wenn Liebenam, Städteverwaltung, S. 136 sagt: „Aeclanum nahm nach der Eroberung durch Sulla umfassende Befestigungsarbeiten vor, um die hölzerne Stadtwehr zeitgemäss umzugestalten; in dieselbe Zeit ungefähr fallen solche Bauten in Aletrium .., vor Augustus in Arpinum, Formiae .. ", so ist das missverständlich. In Arpinum wurde nicht damals erst die Steinmauer gebaut, sondern nur ausgebessert und teilweise ergänzt; s. u. S. 18.

3) Liv. VII, 28. 4) Diod. XIX, 72; Liv. IX, 23. 5) Liv. IX, 44, 16. 6) Mommsen CIL. X, p. 560. 7) Liv. IX, 24. 8) Liv. IX, 43. 9) Liv. IX, 44, 16: *Eo anno* (305 v. Chr.) *Sora Arpinum Cesennia recepta ab Samnitibus.*

fach die Waffen gegen Rom erhoben hatte, wurde gezwungen, einen grossen Teil seiner Äcker an 4000 römisch-latinische Kolonisten abzutreten und erhielt die Verfassung einer Kolonie latinischen Rechts, Arpinum dagegen erhielt 303 v. Chr. durch Verleihung des Halbbürgerrechts (civitas sine suffragio) die Aussicht, dereinst das römische Vollbürgerrecht zu erwerben und wurde dadurch das Zentrum der Romanisierung des mittleren Liristhales.[1]) Seitdem residierte im Namen des römischen Konsuls ein Vogt (praefectus) in der alten Volskerstadt, schätzte ein römischer Zensor das Vermögen der Arpinaten, zog die wehrhafte Mannschaft der Stadt im Verbande der römischen Legion zu Felde. Demnach kämpften die Arpinaten sowohl gegen Pyrrhus als auch gegen die Punier, insbesondere gegen Hannibal auf der Seite der Römer.

Und während sich der Name von Sora unter denen der 12 latinischen Kolonien erhalten hat, die in der Not des zweiten punischen Krieges einmal (209 v. Chr.) weitere Truppenaushebungen und Steuerzahlungen verweigerten,[2]) so strahlt der Ruhm der wackeren Arpinaten noch aus einer Stelle der „Punica“ des Silius Italicus wieder (VIII, 399 f.):

> At qui Fibreno miscentem flumina Lirim
> Sulphureum tacitisque vadis ad litora lapsum
> Accolit, Arpinas, accita pube Venafro
> Ac Larinatum dextris socia hispidus arma
> Commovet atque viris ingens exhaurit Aquinum. . .

Auch scheint Arpinum von vornherein zu jenen besser gestellten Halbbürgergemeinden gehört zu haben, denen ein gewisses Mass von Selbstverwaltung, zum mindesten aber die von drei selbstgewählten Ädilen ausgeübte Marktpolizei gestattet war, so dass der von Rom geschickte praefectus iuridicundo in der Regel nur die wirklichen Rechtssachen entschied;[3]) auch die Schatzung wurde wohl von den drei Ädilen oder von einem von ihnen unter Kontrolle des Präfekten vorgenommen und dann die Schatzungsliste beim Zensor in Rom eingereicht.[4])

Nach dem Kriege mit Antiochus von Syrien schien kein Grund mehr vorzuliegen, den Arpinaten und einigen anderen Halbbürgergemeinden das Vollbürgerrecht zu versagen, auf das ihnen eine mehr als hundertjährige Waffengemeinschaft und die fortschreitende Romanisierung ein Anrecht gab. So beantragte denn im Jahre 188 v. Chr. der Tribun C. Valerius Tappo, wie es scheint, im Einverständnisse mit den Zensoren,[5]) dass den Arpinaten und ebenso den Bürgern von Formiae und Fundi das römische Vollbürgerrecht (civitas cum suffragio) verliehen würde, und zwar sollten die Formianer und Fundaner in

Arpinum als röm. Vollbürgergemeinde (seit 188 v. Chr.).

---

1) Liv. X, 1, 2: *Sora agri Volsci fuerat, sed possederant Samnites; eo quattuor milia hominum missa* (cf. CIL. X, p. 560). *Eodem anno (303 v. Chr.) Arpinatibus Trebulanisque civitas data.* cf. Liv. XXXVIII, 36.

2) Liv. XXVII, 9; XXIX, 15.

3) Mommsen CIL. X, p. 556, und Röm. Staatsrecht III, 1, S. 583 f.; 797; 812 f. Liebenam a. a. O. 484, 1: „Kommunale Behörden mit Jurisdiktion vor dem Sozialkriege sind nicht bekannt.“ Das schliesst nicht aus, dass die Ädilen eine gewisse polizeiliche Strafgewalt besassen.

4) Mommsen a. a. O., S. 585. Liebenam a. a. O., S. 264.

5) L. Lange, Röm. Altertümer II, S. 218.

der Tribus Aemilia, die Arpinaten in der Tribus Cornelia stimmen.[1]) Nach der gewöhnlichen Ansicht stieg nunmehr Arpinum vom Range einer Präfektur zum Range eines Municipiums auf. Indessen sind nach Mommsen diese beiden Begriffe damals nicht so grundsätzlich verschieden, dass sie einander völlig ausschlössen; denn einerseits bezeichnete man als municipium auch eine Gemeinde latinischen Rechts oder eine mit der civitas sine suffragio ausgestattete, anderseits kommt auch für Vollbürgergemeinden der Ausdruck praefectura vor, z. B. für Puteoli, Volturnum, Liternum, Saturnia.[2]) Wahrscheinlich hörte in Arpinum auch nach seiner Erhebung zur Vollbürgergemeinde die Rechtsprechung des von Rom geschickten Präfekten nicht auf. Denn die räumliche Entfernung der Stadt von Rom war zu gross, als dass ihre Bürger in allen Fällen ihren Rechtsstand in der Hauptstadt hätten suchen können. Deshalb sprach auch nach der lex Valeria ein Präfekt zu Arpinum Recht, aber nicht als Stadtvogt, nicht als Vertreter des Konsuls, sondern als Vertreter des praetor urbanus.[3]) Anderseits erweiterte sich nunmehr der Geschäftskreis der drei Ädilen und umfasste alle Zweige der städtischen Verwaltung; ein Senat von Dekurionen stand ihnen beratend und beschliessend zur Seite; die Exekutive der Beschlüsse dieses Senats lag bei den Ädilen.[4])

Romanisierung.    Mit der kommunalen Bewegungsfreiheit hob sich sicherlich auch das wirtschaftliche Leben und mit der Romanisierung das geistige Leben der Stadt. Doch verschwand die einheimische volskische Sprache nicht sofort: der Togatendichter Titinius (um 170 v. Chr.) hat uns den Vers hinterlassen:[5])

> *qui obsce et volsce fabulantur, nam latine nesciunt;*

das einzige Zeugnis darüber, dass nicht nur der unteritalische oskische Dialekt, sondern auch der volskische im zweiten Jahrhundert vor Christo noch am Leben war. Am längsten hielt er sich wohl in den von der grossen Strasse etwas entfernten Bergstädten Arpinum und Sora, und es mag wohl den Hörern der fabula togata, des national-italischen Lustspiels, Vergnügen gemacht haben, dann und wann einen volskisch redenden, lateinisch rade-

---

1) Liv. XXXVIII, 36: *de Formianis Fundanisque municipibus et Arpinatibus C. Valerius Tappo tribunus plebis promulgavit, ut iis suffragii latio — nam antea sine suffragio habuerant civitatem — esset* ... *Rogatio perlata est, ut in Aemilia tribu Formiani et Fundani, in Cornelia Arpinates ferrent; atque in his tribubus primum ex Valerio plebiscito censi sunt* .. Hülsen in Pauly-Wissowas Realencyklopädie II, S. 1218, spricht irrtümlich von einer lex Cornelia, statt von einem plebiscitum Valerium.

2) Vgl. Mommsen, Staatsrecht III, 792 f., und neuerdings auch die gute Auseinandersetzung über die Begriffe municipium, colonia, praefectura etc. bei Liebenam, Städteverwaltung, S. 459 f.

3) Festus p. 233 (Müller), p. 292 (Thewrewk de Ponor). Ich gebe den Text der schwer verstümmelten Stelle nach der letzteren Ausgabe, doch so, dass ich die von mir für richtig gehaltene Lesart in ⟨ ⟩ beifüge: *Praefecturae eae appellabantur in Italia, in quibus et ius dicebatur et nundinae agebantur, et erat quaedam earum R. P., neque tamen magistratus suos habebant. In qua his † legibus ⟨In quas legibus⟩ praefecti mittebantur quod annis ⟨quotannis⟩, qui ius dicerent. Quarum genera fuerunt duo: alterum, in quas solebant ire praefecti quattuor † viginti sex virum nū pro † populi suffragio creati erant ⟨praefecti quattuorvirum, sexvirum nomine et loco, qui populi suffragio creati erant⟩, in haec oppida: Capuam, Cumas, Casilinum, Volturnum, Liternum, Puteolos, Acerras, Suessulam, Atellam, Calatium: alterum, in quas ibant, quos Praetor urbanus quod annis ⟨quotannis⟩ in quaeque loca miserat legibus, ut Fundos, Formias, Caere, Venaerum † ⟨Venafrum⟩, Allicas † ⟨Allifas⟩, Privernum, Anagniam, Frusinonem, Reate, Saturniam, Nursiam, Arpinum aliaque complura.*

4) CIL. X, Nr. 5679—82.

5) Festus p. 189 M. In den excerpta Pauli fehlt das erste Wort des Verses. Aus älterer Zeit stammt wohl die Glosse Festus p. 293 M: *Sublicium po⟨ntem⟩ appellatum* ... *⟨vo⟩cabulo Volsco* ...

brechenden Gebirgler auf den Brettern der Bühne darzustellen. Aus diesem Gedankenkreise erklärt sich wohl auch der Hohn derjenigen, die den Appius Claudius Pulcher, der im Jahre 63 einen blutigen Bürgerkrieg vorausgesagt hatte, einen *augur Soranus* nannten.[1]) Sie wollten ihm damit einen altmodischen Aberglauben nachsagen, ihn als einen Hinterwäldler ausgeben, der noch nichts von Aufklärung wisse. Sora gilt noch heute als die Eingangspforte zu den Abbruzzen und zu der altväterischen Einfalt; Arpinum dagegen liegt in der ersten Zone der „Kultur“.

Ein Menschenalter nach der lex Valeria wurde in Cereatae, einem Dorfe des ager Arpinas, C. Marius geboren (156 v. Chr.). Er war der erste aus diesem Gau, der in Rom ohne Ahnen und nur auf seine militärische Tüchtigkeit pochend, doch das Konsulat erlangte. Ihm war es vergönnt, das gesamte Heerwesen des Römerreiches taktisch und sozial neuzuordnen und mit diesem Heere den ersten grossen Germanensturm, der Italien bedrohte, siegreich zurückzuwerfen. Seine Grossthaten warfen einen lichten Schein auch auf seine bergige Heimat. Ein glücklicher Zufall aber hat es gefügt, dass wir ausser Marius selbst auch noch einige andere Volskersprösslinge jener Zeit kennen: eine ganze Generation von Arpinaten steht, in ihren wichtigsten Vertretern von Ciceros Griffel scharf umrissen, leibhaftig vor unserem geistigen Auge.

Arpinum im<br>Zeitalter des<br>C. Marius.

Da ist zuerst Ciceros Grossvater M. Tullius Cicero aus altem volskischem Adel — eine Sage leitete seinen Ursprung sogar von einem Volskerkönige Tullus Attius ab[2]) —; er nennt einen grossen Grundbesitz sein eigen, aber er haust auf einem einfachen, kleinen Landhaus unten im Delta, das der mündende Fibrenus mit dem Liris bildet, ein Mann von altem Schrot und Korn, in der Lebensführung etwa wie Curius Dentatus,[3]) in der Verwaltung des Staats wie der Gemeinde allen Neuerungen der Volksbeglücker abhold, in seinem Bildungsideal festhaltend an der alten italisch-römischen Eigenart, ein Feind aller griechischen Verweichlichung und Verderbnis.[4])

Politische<br>Kämpfe im Stadt<br>gemeinderat.

Aber der gewaltige Ruf nach Reform des Regiments und nach Hebung der unteren Schichten des Volkes, den zuerst die Gracchen in Rom erhoben, ist auch im stilleren Thal des Liris erklungen. Wie zur Zeit der grossen französischen Revolution nicht nur Paris, sondern auch fast jede Provinzialstadt ihren Jakobinerklub besass, so gab es auch in Arpinum eine demokratische Partei, die der aristokratischen Widerpart hielt. Ihr Wortführer ist M. Gratidius, der Schwager des M. Tullius Cicero ⟨avus⟩, denn dieser hat eine Gratidia zur Frau. Die politische Richtung ist stärker als die Bande der Verwandtschaft: zeitlebens stehen sich die beiden Schwäger feindlich gegenüber. Der Gegenstand des Kampfes ist —

---

1) Cic. de divin. I, 105: *Tibi App. Claudius augur consuli nuntiavit addubitato Salutis augurio bellum domesticum triste ac turbulentum fore . . Quem inridebant collegae tui eumque tum Pisidam, tum Soranum augurem esse dicebant.*

2) Plutarch Cic. 1. οἱ δ' εἰς Τύλλον Ἄττιον ἀνάγουσι τὴν ἀρχὴν τοῦ γένους, βασιλεύσαντα λαμπρῶς ἐν Οὐολούσκοις καὶ πολεμήσαντα Ῥωμαίοις οὐκ ἀδυνάτως. Silius Ital. VIII, 406:
*Tullius aeratas raptabat in agmina turmas,*
*Regia progenies et Tullo sanguis ab alto.*

3) Cic. de leg. II, 3: *Sed hoc ipso in loco, cum avus viveret et antiquo more parva esset villa, ut illa Curiana in Sabinis, me scito esse natum.*

4) Cic. de orat. II, 265: *M. Cicero senex, huius viri optimi, nostri familiaris, pater ⟨dicit⟩, nostros homines similes esse Syrorum venalium: ut quisque optime Graece sciret, ita esse nequissimum.*

2*

ein echt moderner — das Wahlrecht. Zu den wichtigsten Freiheiten, die unsere Reichsverfassung dem Volke gewährt, gehört die geheime Abstimmung bei den Wahlen, die den Abstimmenden von jeder Rücksicht auf seine Stellung und auf sein Verhältnis zu anderen befreit. Das alte römische Wahlrecht dagegen musste öffentlich ausgeübt werden. Deshalb waren seit 139 v. Chr. Volkstribunen bemüht, durch sogenannte leges tabellariae die geheime Abstimmung durch beschriebene Stimmzettel durchzusetzen. Dieses Ziel wurde allmählich auf allen Gebieten der Wahlen, der Gesetzgebung, der Rechtsprechung durch die leges tabellariae Gabinia (139),[1] Cassia (137),[2] Papiria (131),[3] Caelia (107)[4] erreicht. Ein Widerhall dieser grossen politischen Kämpfe in Rom war es, wenn M. Gratidius und die Seinen den Versuch machten, die schriftliche geheime Abstimmung auch ins Stadtrecht von Arpinum einzuführen. Über diesen Antrag wurde mit Erbitterung im Senate der Arpinaten und in den politischen Klubs der Stadt gestritten: allerdings war es hier nur ein „Sturm im Wasserglase", oder, wie Cicero sagt: Gratidius erregte die Flut in der Schöpfkelle, die nachher sein Sohn, Marius Gratidianus, im ägäischen Meere, d. i. in Rom, erregte. Aber der Kampf um das städtische Wahlrecht von Arpinum nahm doch solche Dimensionen an, dass der Senat der Hauptstadt eingreifen musste und dass Ciceros Grossvater in dieser Angelegenheit eine Audienz beim Konsul M. Aemilius Scaurus erhielt, der ihn und seine aristokratischen Gesinnungsgenossen wegen ihrer Haltung belobte und bedauerte, so tapfere Parteileute nicht in der Hauptstadt zur Verfügung zu haben.[5]

Geistiger Austausch zwischen Rom und Arpinum. Aber auch Gratidius hatte einen mächtigen Gönner in Rom, den genialen M. Antonius, den Cicero in dem Dialoge de oratore zum Antagonisten des Crassus gemacht hat; diesem Mann war Gratidius eng befreundet, als sein Präfekt im Seeräuberkrieg ist er 103 v. Chr. in Cilicien gefallen.[6] Als jüngere Glieder gehören zu diesem Kreise bedeutender Arpinaten Ciceros feingebildeter Vater, sein Oheim L. Cicero und sein Oheim mütterlicherseits C. Furius Visellius Aculeo, ein Freund des Crassus und feiner Kenner des Zivilrechts. Rom war in jener Zeit Arpinum gegenüber nicht nur die gebende, sondern auch die empfangende: Offiziere, Rechtsgelehrte, Redner gingen aus dieser Provinzialstadt hervor und verkehrten in den ersten Häusern Roms. Diesem ganzen Kreise und seinem

---

1) L. Lange, Röm. Altert. II, S. 324.
2) A. a. O. S. 325.
3) A. a. O. S. 458.
4) A. a. O. S. 492.

5) Cic. de leg. III, 36: *Et avus quidem noster singulari virtute in hoc municipio quoad vixit restitit M. Gratidio, cuius in matrimonio sororem, aviam nostram, habebat, ferenti legem tabellariam: excitabat enim fluctus in simpulo, ut dicitur, Gratidius, quos post filius eius Marius in Aegaeo excitavit mari. Ac nostro quidem, cum res esset ad senatum delata. M. Scaurus consul: Utinam, inquit, M. Cicero, isto animo atque virtute in summa re publica nobiscum versari quam in municipali maluisses!* M. Ämilius Scaurus war 115 und 108 v. Chr. Konsul, also fällt der hier erwähnte Vorfall entweder ins Jahr 115 oder ins Jahr 108 v. Chr. Der *filius Marius* ist Marius Gratidianus, der diesen Namen führte, seitdem ihn ein Bruder des C. Marius adoptiert hatte. Durch ihn kam auch Ciceros Familie in eine gewisse Verwandtschaft zu den Marius. Marius Gratidianus gab im Jahre 85 oder 84 v. Chr. — darauf beziehen sich die oben angeführten Worte Ciceros über den Sturm im Ägäischen Meer — als Prätor ein sehr populäres Münzgesetz (Lange, Röm. Alt. III. 137), wurde aber 82 von Sulla proscribiert und von Catilina ermordet.

6) Cic. Brutus 168: *In eo genere sane probabilis, doctus autem Graecis litteris, propinquus noster, factus ad dicendum, M. Gratidius, M. Antonii perfamiliaris, cuius praefectus cum esset in Cilicia est interfectus; qui accusavit C. Fimbriam, M. Marii Gratidiani pater.*

geistigen Austausche mit den Koryphäen der Hauptstadt hat Cicero in seinem Gespräche vom Redner ein klassisches Denkmal gesetzt.[1]

Indes die bedeutendste Person des ganzen Kreises der Arpinaten jener Zeit bleibt doch Marius selbst, wie sehr auch die vornehmen Kreise Roms über den „Ackersmann aus Arpinum" und über den „von der Pike auf gedienten Krieger" und seine nicht immer geschickten Versuche, die Eleganz des alten Adels nachzuahmen, lächelten.[2] Der „Soldat", der Bürger der Zukunft, war sein Geschöpf, und auf der Höhe seiner Erfolge hat er auch der Heimat ein dankbares Gedenken bewahrt. Denn die grossen Ländereien, die die Gemeinde Arpinum nachmals im diesseitigen Gallien besass,[3] sind doch wohl eine Schenkung des Marius gewesen aus der Zeit nach der Schlacht bei Vercellae (101 v. Chr.), als er über Gallia cisalpina wie über erobertes Land verfügte.[4]

Einen neuen Einschnitt in der Geschichte der Stadt bedeutet der **Marserkrieg** (90—89 v. Chr.), der überall die Rechte der Italiker vermehrte und stärkte. Arpinum erscheint seitdem nicht mehr als Präfektur, sondern als Municipium.[5] Demnach trat die Stadt ungefähr zu derselben Zeit, wo Cicero seiner Militärpflicht genügte,[6] in das höchste Mass kommunaler Bewegungsfreiheit und damit in das Zeitalter ihrer schönsten Blüte ein. Cicero war nicht oben in der Stadt geboren (3./1. 106 v. Chr.), so wenig wie Marius, sondern unten in der Villa rustica des Grossvaters am Zusammenflusse des Fibrenus und des Liris.[7] Es ist nicht einmal ein Anhaltspunkt dafür vorhanden, dass er je in der Stadt selbst ein Haus besass, wenngleich man das für seine Vorfahren annehmen möchte. Und doch war bei der ersten Ausbildung seines Geistes und Charakters neben der Landschaft, die ihn umgab, natürlich auch die nahe Stadt mit ihren grossen Erinnerungen und ehrwürdigen

Die Schenkung<br>des Marius.

Arpinum im<br>Zeitalter Ciceros.

---

1) Cic. de orat. II, 2: *Quos tum, ut pueri, refutare domesticis testibus, patre et C. Aculeone, propinquo nostro, et L. Cicerone patruo solebamus, quod de Crasso pater et Aculeo (quocum erat nostra matertera), quem Crassus dilexit ex omnibus plurimum, et patruus, qui cum Antonio in Ciliciam profectus una decesserat, multa nobis de eius studio doctrinaque saepe narravit.*

2) Plin. nat. hist. XXXIII, 150: *C. Marius post victoriam Cimbricam cantharis potasse Liberi patris exemplo traditur, ille arator Arpinas et manipularis imperator.*

3) S. u. S.

4) Ein Analogon zu dieser von mir aus den Verhältnissen erschlossenen Schenkung fehlt nicht. Nach Strabo IV, 8 (c 183) schenkte Marius den Massalioten zum Lohn für ihre Hilfe gegen die Ambronen und Toygener einen von seinen Soldaten gegrabenen Rhonekanal, der der Gemeinde Massilia bedeutende Einnahmen gewährte; vgl. Kubn, Städtische und bürgerliche Verfassung d. r. R. II, 42.

5) Cic. ep. XIII, 11, 1: *non dubito, quin scias, non solum cuius municipii sim, sed etiam quam diligenter soleam meos municipes Arpinates tueri,* cf. § 3. pro Plancio § 21. de leg. III, 36: *in hoc municipio.* Schol. Bobb. ad Cic. pro Sulla p. 363: *Arpino municipio.* Liebenam, Städteverwaltung. S. 461, fasst den Sachverhalt nicht präzis genug auf, wenn er sagt: „Cicero nennt seine Heimat, die praefectura Arpinum, municipium." Denn ein Volksbeschluss, der die Einreihung Arpinums unter die Municipien und die damit zusammenhängende Neuregelung des Stadtrechts gestattete, muss doch gefasst worden sein, vermutlich im Zusammenhang mit der lex Julia des Jahres 90 v. Chr.; vgl. die Fragmente des Tarentiner Stadtrechts (gefunden 1894) in den Monumenti antichi della reale accademia dei Lincei VI (1895), p. 406 f. und die Bemerkungen dazu von G. de Petra a. a. O., p. 427 f. Wenn Cicero in der orat. Catil. III, 5 von der *praefectura Reatina* spricht, so ist deswegen nicht anzunehmen, dass im Jahre 63 v. Chr. in Reate noch faktisch ein Präfekt Recht gesprochen habe, sondern wohl eher, dass sich Cicero hier eines altmodischen, ihm von früher her geläufigen Ausdrucks bedient. Der Ausdruck praefectura findet sich auch noch in der lex Julia municipalis (vom Jahre 45 v. Chr.). Doch ist auch diese wohl nur als eine ergänzende Redaktion der älteren lex Julia (municipalis) aus der Zeit des Bundesgenossenkrieges (90 v. Chr.) anzusehen. Vgl. G. de Petra in den eben zitierten Monumenti ant. d. r. a. dei Lincei VI, p. 442.

6) Cic. Phil. XII, 27: *Cn. Pompeius Sexti filius consul me praesente, cum essem tiro in eius exercitu, cum P. Vettio Scatone, duce Marsorum, inter bina castra collocutus est.* cf. de divin. 1, 72 und Plutarch Cic. 3. — 7) S. u. S. 26.

14

Baudenkmälern wichtig, vor allem aber der ganze Kreis von Arpinaten, in den sich der Knabe gestellt sah. In dem tief gewurzelten Respekt vor der römischen Eigenart und in der treuen Liebe zu den vestigia maiorum erkennen wir seinen Grossvater wieder, in der Beweglichkeit des Geistes den Gratidius und Gratidianus, in dem Studium der griechischen Wissenschaften den Vater und die beiden Oheime. In Ciceros Wesen sammeln sich alle Rinnsale geistiger und sittlicher Kraft seines heimatlichen Thales zum belebenden, fruchtwirkenden Strome, wie es Goethe in wundervoller Plastik der Gedanken und Bilder in „Mahomets Gesang“ schildert.[1]) Nun kam zum Ruhme der sieben Konsulate des Marius noch das Ciceros hinzu und der grössere und dauerndere Ruhm, dass ein Arpinate das auf Vermählung griechischer Theorie mit römischer Praxis beruhende Lebensideal der Humanität — die letzte und in gewissem Sinne edelste Blüte antiker Geistesart — in seinem Wesen dargestellt und für alle Zeiten vorbildlich aufgerichtet hatte. Cicero liebte seine schöne Heimat aufs innigste, und zwar nicht nur die kühlen Räume seiner Villa am Fibrenus und ihre wasserumrauschten Gärten, sondern vor allem auch die Menschen seiner Heimat. Wenn ihm einst auf der Höhe seiner politischen Erfolge Catilina das schmähende Wort zurief „inquilinus civis urbis Romae“,[2]) so liegt darin ausser der Kränkung auch ein Stück Wahrheit, denn Cicero fühlte sich nicht nur als Römer, sondern auch als Arpinaten. Gewissenhaft zieht er die Grenzen zwischen den beiden Arten von Vaterlandsliebe, die ihn beseelen: zwischen der Liebe zur angestammten Heimat und der zum grossen Gemeinwesen, dessen Glied er nach dem Recht und Gesetze geworden ist.[3])

Er stellt sich zur Heimat mit so warmer Empfindung wie Odysseus zu seinem Ithaka[4]) und rühmt sie als das Süsseste, was er besitze.[5]) Er fühlt sich mit seinen Landsleuten im engeren Sinne durch ein besonders starkes Band verknüpft.[6]) Auch er hat schon die Erfahrung gemacht, dass das landsmannschaftliche Gefühl in den Söhnen des Gebirges besonders entwickelt ist, die „Gaugenossen“ wissen sich draussen in der grossen Welt immer wieder zusammenzufinden und unterstützen sich gegenseitig.[7]) Die klassische Stelle über diese

**Heimatsliebe und landsmannschaftliche Gefühle der Arpinaten.**

---

1) Dieses Bild stammt schon aus dem Altertum: Val. Max. II, 2. 3: *Conspicuae felicitatis Arpinas municipium, sive litterarum gloriosissimum contemptorem sive abundantissimum fontem intueri velis.* Neuerdings hat Gregorovius in seinem schön geschriebenen Kapitel „Von den Ufern des Liris“ (Wanderjahre II S. 254) dasselbe Bild von Cicero verwendet: „sein grosser Verstand sammelte in sich wie ein riesiger Strom die Bäche des Wissens seiner Zeit auf.“

2) Sallust, Coniur. Cat. 31, 7.

3) Cic. de leg. II, 3: *haec est mea et huius fratris mei germana patria: hinc enim orti stirpe antiquissima sumus; hic sacra, hic genus, hic maiorum multa vestigia .. § 5: Ego me hercule et illi (Catoni) et omnibus municipibus duas esse censeo patrias, unam naturae, alteram civitatis, ut ille Cato, quom esset Tusculi natus, in populi Romani civitatem susceptus est; ita quom ortu Tusculanus esset, civitate Romanus, habuit alteram loci patriam, alteram iuris.*

4) Cic. de leg. II, 3: *Qua re inest nescio quid et latet in animo ac sensu meo, quo me plus hic locus fortasse delectet: si quidem etiam ille sapientissimus vir, Ithacam ut videret, immortalitatem scribitur repudiasse.*

5) Cic. ad Att. II, 11, 2: *nam Arpinum quid ego te invitem?*
Τρηχεῖ', ἀλλ' ἀγαθὴ κουροτρόφος, οὔτ' ἄρ' ἔγωγε<br>
ἧς γαίης δύναμαι γλυκερώτερον ἄλλο ἰδέσθαι.

6) Cic. ep. XIII, 11, 1 und 3, s. S. 13, Anm. 5.

7) Die sächsischen Erzgebirgler z. B. finden einander mitten im Gewühl der Grossstädte heraus und halten fest zusammen. Auch im modernen italischen Nationalstaate ist, obwohl die einzelnen Territorien ihre Sonderregierungen und ihre besonderen Einrichtungen verloren haben, doch das landsmannschaftliche Gefühl noch immer sehr ausgeprägt, wovon man sich am besten aus den Unterhaltungen der Reisenden in den Eisenbahnkoupés und in den nationalen Gasthöfen überzeugen kann.

landsmannschaftlichen Empfindungen und den Arpinatenstolz Ciceros findet sich in der Rede für Plancius. Plancius, 54 v. Chr. aedilis designatus, wird von dem bei der Wahl unterlegenen Juventius Laterensis angeklagt, dass er durch „Kameradschaften" (sodalicia) zur Ädilität gekommen sei. Cicero verteidigt den Landsmann; denn Plancius stammt aus Atina, Laterensis ist ein Tusculaner. Freilich ist Tusculum ein viel berühmterer Ort als die ehemalige Volskerstadt Atina; aber gerade deswegen, weil in Tusculum Familien konsularischen Ranges etwas sehr Häufiges sind, macht ein Mann, der Ädil werden will, dort gar keinen Eindruck, niemand kümmert sich um seine Bewerbung. Die Atinaten dagegen bieten alles auf, um ihren Kandidaten in Rom durchzubringen. Cicero und sein Bruder wissen's ja von sich selber: für ihre Amtsbewerbung interessieren sich in der Heimat nicht nur die Männer, nein, sogar das stumme Land und der starre Fels.[1]) Wenn man einen Tusculaner trifft, so fällt's dem gar nicht ein, seinen grossen Landsmann Cato, oder Coruncanius oder die Fulvier in den Mund zu nehmen. Aber kommt nur einmal mit Arpinaten zusammen: ob ihr wollt oder nicht, ihr müsst meinen und meines Bruders Ruhm und noch viel mehr den des Marius vernehmen.[2]) Und wie steht's mit der Volkszahl? Wie wenige Tusculaner giebt es und wie viele Atinaten; dort in den Bergen der Volsker wohnt die Kraft Italiens, dort vor allem findet sich noch ein zahlreiches Volk, während die Nachbarorte von Tusculum: Labicum, Gabii, Bovillae so verödet sind, dass, wenn beim grossen Latinerfest diese Gemeinden aufgerufen werden, ihren Anteil am Opferfleisch zu empfangen, kaum jemand aus ihnen vorhanden ist.[3]) Und endlich, was ist es für ein Volk, das Arpinum und seine Nachbargaue im Liristhal und im Volturnusthal bewohnt? Man muss es nicht nur loben, sondern auch lieben; denn es hat sich die alte Sitte bewahrt, anderen behilflich zu sein, seine Dienstwilligkeit ist noch nicht durch Übelwollen verdunkelt, es ist noch ungeschminkt und treuherzig, nicht an die Lüge gewöhnt, ungeübt in der Kunst der Verstellung, wie sie näher an Rom und in Rom selbst die Regel bildet. So hat er die Gebirgler vom Liris und Volturnus kennen gelernt, so Plancius: „es ist unsere rauhe und bergige, und dabei so schlichte und treue, ihren Söhnen alles Gute gönnende Heimat".[4]) Wahrlich, ein begeisterter Lobpreis, der von Herzen kommt und zu Herzen geht! Man versteht es nun um so besser, warum Cicero so oft wieder von Rom und dem köstlichen Tusculanum ins Liristhal eilt,[5])

Volkszahl und Volksart der Arpinaten.

---

1) Cic. pro Plancio 20: *Quid ego de me, de fratre meo loquar? Quorum honoribus agri ipsi prope dicam montesque favebant.*

2) a. a. O. *Num quando vides Tusculanum aliquem de M. Catone illo in omni virtute principe, num de Ti. Coruncanio municipe suo, num de tot Fulviis gloriari? Verbum nemo facit. At in quemcumque Arpinatem incideris, etiam si nolis, erit tamen tibi fortasse etiam de nobis aliquid, sed certe de C. Mario audiendum.*

3) a. a. O. 21: *Deinde tui* ⟨Laterensis⟩ *municipes sunt illi quidem splendidissimi homines, sed tamen pauci, si quidem cum Atinatibus conferantur: huius* ⟨Plancii⟩ *praefectura plena virorum fortissimorum, sic ut nulla tota Italia frequentior dici possit . . 23 . . te Plancius hoc non solum municipii, verum etiam vicinitatis genere vincebat: nisi forte te Labicana aut Gabina aut Bovillana vicinitas adiuvabat, quibus e municipiis vix iam qui carnem Latinis petant reperiuntur.*

4) a. a. O. 22: *Omnia quae dico de Plancio dico expertus in nobis: sumus enim finitimi Atinatibus. Laudanda est vel etiam amanda vicinitas retinens veterem illum officii morem, non infuscata malevolentia, non assueta mendaciis, non fucosa, non fallax. non erudita artificio simulationis vel suburbano vel etiam urbano. Nemo Arpinas non Plancio studuit, nemo Soranus. nemo Casinas, nemo Aquinas. Tractus ille celeberrimus Venafranus, Allifanus, tota denique ea nostra ita aspera et montuosa et fidelis et simplex et fautrix suorum regio . . .* Eine feinere geistige und sittliche Begabung des Gebirglers vor dem Bewohner der Ebene erkennt auch das italische Sprichwort an: I montani hanno piedi grossi, ma cervello fino.

5) O. E. Schmidt, Ciceros Villen S. 19.

warum er den herrlichen Dialog über die Gesetze auf sein Arpinas verlegt,[1]) warum er in bedrängten Zeiten seine Familie auf dem Arpinas geborgen weiss,[2]) warum er den einzigen Sohn nicht in Rom, sondern auf dem Forum der alten Volskerstadt zum Jüngling „konfirmierte".[3])  Man versteht aber auch, warum ein Clodius während Ciceros Verbannung zwar das Formianum verwüstete, nicht aber das etwa gleichweit von Rom entfernte Arpinatische Landgut.  Die wackeren Arpinaten hätten den feinen Herrn samt seiner Bande wahrscheinlich böse verprügelt wieder heimgeschickt.

Die Finanz-<br>verwaltung Arpi-<br>nums in Ciceros<br>Zeit.

Aus Ciceros Zeitalter besitzen wir auch ein wertvolles Dokument, das uns einen Blick in die Finanzlage und Finanzverwaltung der Stadt thun lässt.  Das ist der im Jahre 46 geschriebene Brief Ciceros Ep. XIII, 11 an M. Brutus, der damals Statthalter in Gallia cisalpina war.[4])  Dieser Brief ist für die Kenntnis der Stadtverfassung von Arpinum so wichtig, dass ich ihn Punkt für Punkt besprechen muss.  Nach einigen einleitenden Worten (vgl. S. 13, Anm. 5) bemerkt Cicero: das gesamte Vermögen der Arpinaten, von dem sie die Staatsopfer bestreiten, die Tempel und Staatsgebäude in gutem Zustande erhalten können, besteht in Pachtgeldern von Ländereien der Provinz Gallien.  Um deren Zustand kennen zu lernen, Verfügungen zu treffen und die von den Kolonen schuldig gebliebenen Pachtgelder einzutreiben, reisen drei Arpinaten, die römischen Ritter Q. Fufidius, M. Faucius und Q. Mamercius nach Gallien, und Cicero erbittet für diese Kommission von Brutus freundliche Aufnahme und möglichste Förderung.[5])

Cicero tritt immer und überall für seine Municipalen ein, diesmal aber hat er noch einen besonderen Grund: die Finanzen der Stadt sind etwas in Unordnung geraten — vielleicht infolge des Bürgerkriegs —, deshalb sind zu Ädilen sein eigener Sohn M. Tullius Cicero, ferner seines Bruders Sohn Q. Tullius Cicero und endlich M. Caesius, ein dem Cicero sehr befreundeter Mann, gewählt worden.[6])

Auffallend ist zunächst die Jugend der Ädilen: denn die beiden Cicero waren im Jahre 46 jeder kaum 20 Jahre alt, und die allerdings erst 45 v. Chr. gegebene lex Julia municipalis setzte im allgemeinen das 30. Jahr als das früheste für die Bewerbung um municipale Ämter fest: doch beweisen die Inschriften, dass zahlreiche Ausnahmen vorkamen.[7])

---

1) a. a. O. 11 f.
2) Cic. ep. XIV, 7, 3; ad Att. XII, 1, 1.
3) O. E. Schmidt, Der Briefwechsel etc., S. 163.
4) a. a. O., S. 238.
5) Ep. XIII, 11, 1: . . *omnia commoda omnesque facultates, quibus et sacra conficere et sarta tecta aedium sacrarum locorumque communium tueri possint, consistunt in iis vectigalibus, quae habent in provincia Gallia.  Ad ea visenda pecuniasque, quae a colonis debentur, exigendas totamque rem et cognoscendam et administrandam legatos equites Romanos misimus Q. Fufidium Q. f., M. Faucium M. f., Q Mamercium Q. f.*  In einem ähnlichen Falle wandte sich Caelius im Jahre 51 an Cicero, als dieser Statthalter in Cilicien war, ep. VIII, 9, 4: *M. Feridium, eq. R., amici mei filium . . tibi commendo . . Agros, quos fructuarios habent civitates, vult tuo beneficio, quod tibi facile et honestum factu est, immunes esse.*
6) a. a. O.  § 3: *mihi vero etiam gratius feceris, quod cum semper tueri municipes meos consuevi, tum hic annus praecipue ad meam curam officiumque pertinet.  Nam constituendi municipii causa hoc anno aedilem filium meum fieri volui et fratris filium et M. Caesium, hominem mihi maxime necessarium; is enim magistratus in nostro municipio nec alius ullus creari solet.  Quos cohonestaris in primisque me, si res p. municipii tuo studio, diligentia bene administrata erit.*
7) Liebenam, S. 269, Anm. 2.

In Arpinum rechnete man wohl darauf, dass den Söhnen die Erfahrung, das Ansehen und eventuell auch der Geldbeutel der Väter zur Seite stehen würde.[1] Der Ausdruck, den Cicero ep. XIII, 11, 3 gebraucht: *filium meum fieri volui*, zeigt, dass der einflussreiche Patron der Stadt keine grosse Mühe gehabt haben wird, dem Sohne zum Amte zu verhelfen.

Die Besitzungen der Arpinaten in Gallien müssen ziemlich bedeutend gewesen sein, wenn ihr Ertrag in der Regel ausreichte, die Kosten für den Kultus der Götter (worunter zum Teil auch die Spiele und Volksbelustigungen mit zu verstehen sind), sowie für das gesamte sakrale und profane Hochbauwesen der Stadt zu bestreiten. Es blieben demnach nur noch wenige Zweige des Budgets ungedeckt: etwa die Kosten für Gesandtschaften und Armenwesen und öffentlichen Unterricht. Da aber die Arpinaten sicherlich auch über andere Einnahmen verfügten, z. B. über Weidegeld, Fischereipacht, Einnahmen aus Forsten und Steinbrüchen, Badegeld, Wasserzins, Polizeistrafen[2] etc., so werden unter Ciceros allgemeinem Ausdrucke: *sarta tecta locorum communium* wahrscheinlich nicht alle Zweige des öffentlichen Bauwesens zu verstehen sein: das gesamte Tiefbauwesen, also z. B. die Kloaken, die Strassen und wohl auch die Stadtmauern, wurden, wie auch der Wortlaut anzudeuten scheint, aus andern Einnahmen erhalten. Dass derartige Bauten in Ciceros Zeit in Arpinum vorgenommen wurden, beweisen die Inschriften.

Aus CIL. X, 5679 lernen wir die Ädilen A. Aigius, L. Runtius, M. Fufidius kennen, die sich um die Anlage von Kloaken verdient gemacht haben.[3] Einen Q. Fufidius kennen wir aus dem oben zitierten Briefe Ciceros ep. XIII, 11 und aus XIII, 12 als seinen guten Freund, der mit ihm als Kriegstribun in Cilicien war.[4] Mommsen CIL. X, p. 557 identifiziert ohne weitere Begründung diesen Q. Fufidius mit jenem M. Fufidius der Inschrift; da aber die gesamte Überlieferung der Briefe in dem Vornamen Q. übereinstimmt und noch dazu an allen drei Stellen (s. u. Anm. 4), so wird man in Q. Fufidius wohl nur einen Verwandten des M. Fufidius erkennen dürfen.

Das Bauwesen<br>in Arpinum.

Ein anderer P. Fufidius Notus erscheint in CIL. X, 5685 als Stifter einer Grabstätte für drei Frauen seiner Familie; wir wissen ferner aus Cic. ad Q. fr. III, 1, 3, dass Cicero ein Landgut für seinen Bruder Quintus *(Fufidianus fundus)* von einem Fufidius

---

1) Es war, wie anderwärts, sicherlich auch in Arpinum gebräuchlich, dass der Ädil die Ehre, gewählt zu sein, mit einer nicht unbeträchtlichen Geldsumme bezahlte, vgl. die zahlreichen Beispiele aus den Inschriften bei Liebenam S. 59 f. Wenn nun Cicero am 13. Juni 44 ad Att. XV, 15, 1 (vgl. Ruete, Die Correspondenz Ciceros etc. S. 8) schreibt: *Nummos Arpinatium, si L. Fadius aedilis petet, vel omnes reddito . . praeter Fadium nemini . .* und am 14. Juni ad Att. XV, 17, 1: *Antroni vetui (sc. reddi nummos Arpinatium), sed nondum acceperas litteras, ne cuiquam nisi L. Fadio aedili: aliter enim nec caute nec iure fieri potest,* so darf man vermuten, dass es sich in diesen Stellen um die Summe handelte, die den Arpinaten beim Amtsantritt des jungen Cicero im Jahre 46 versprochen worden war. L. Fadius war demnach einer der arpinatischen Ädilen des Jahres 44, Antro ein unberufner Vermittler, wohl auch ein Arpinate.

2) Liebenam a. a. O. S. 2 f.

3) Diese Inschrift ist von Grossi (vgl. Mommsen a. a. O.) in der Weise verfälscht worden, dass u. a. statt L. Runtius der Name T. Agusius eingeschmuggelt worden ist, weil ein T. Agusius den Cicero als treuer Freund in die Verbannung begleitet hat, vgl. Cicero ep. XIII, 71. Auch Kelsall a. a. O. S. 71 giebt die Inschrift in Grossis Schreibung wieder.

4) Cic. ep. XIII, 10, 1: *Q. Fufidium Q. f.* und 12, 1: *Q. Fufidium, quocum mihi omnes necessitudines sunt, diligentius commendo . . Nam et privignus est M. Caesi, mei maxime et familiaris et necessarii, et fuit in Cilicia mecum tribunus militum.*

18

gekauft hat. Jedenfalls gehören die Fufidii zur Nobilität von Arpinum, gerade wie die Tullii, [1]) Caesii, [2]) Gratidii [1]) u. a.

In No. 5680 bekunden die drei Ädilen — die Namen sind verstümmelt —, dass sie eine Strecke der Stadtmauer von 380 Fuss Länge gebaut haben. Aus No. 5683

```
........ ACERRO
ITERVM. EXTRVXIT
ET.  TVRREIS
```

lernen wir, dass irgend ein Wohltbäter der Stadt zum zweiten Male etwas erbaute (ein Stück Mauer?) und die Türme. Also war die Stadtmauer von Arpinum schon im Altertum auch durch Türme verstärkt — die jetzt noch vorhandenen Ruinen von Türmen stammen allerdings, wie es scheint, aus dem Mittelalter. Die in Santa Maria nahe der Orgel eingemauerte Inschrift No. 5681 lautet ⟨abgesehen von einigen nicht zu entziffernden Buchstabentrümmern⟩:

```
TANGERE. LIC  /
A. TREBELLI. A. I/
M. AIEDIVS. M./
M. ANIVS.   C/
```

und bezeichnete entweder einen Ort, bis zu dem man auf Erlaubnis der drei Ädilen Trebelli⟨us⟩, M. Aiedius und M. Anius bauen durfte, oder, was wahrscheinlicher ist, eine von diesen Beamten hergestellte öffentliche Färberei. [3]) Nehmen wir dazu die in derselben Kirche in der Loggia der Sakristei eingemauerte Inschrift No. 5682:

```
Q . GAVIVS . Q|
CN . LONGID|
CN . TILLIVS.|
AID.D.S.S.IN|
TVRRIM . MAI.
FVLONICA|
ET. INFERIOR|
```

in der doch ohne Zweifel von einer unteren und einer oberen Walkerei die Rede ist, [4])

---

1) s. S. 11.

2) Cic. ep. XIII, 11, 3 und 12, 1 (s. o.). Es ist leicht möglich, dass der ep. XIII, 11, 3 genannte Ädil M. Caesius und der 12, 1 vorkommende gleichnamige Stiefvater des Q. Fufidius ein und dieselbe Person ist. Dann wäre dieser M. Caesius, der mit Cicero als Militärtribun in Cilicien war, natürlich beträchtlich älter als die beiden andern Ädilen des Jahres 46 (s. o.), cf. ad Q. III, 1, 3. Endlich dürfte er wohl auch mit dem M. Caesius identisch sein, dessen Namen ich ad Att. IX, 15, 4 in dem Buchstaben-Konglomerate *illaestuia* (= *M. Caesius, ea*) zu finden glaube, vgl. Rhein. Mus. N. F. LII, S. 154.

3) Um diesen Sinn herzustellen, bedurfte es nicht erst der Fälschung Grossis (III, 73), der die Inschrift in folgender Form aufführt: .... | .. TINGERE. LICEAT | .. MATREDIVS ... | ... ATREDIVS ... Denn *tangere* findet sich auch in vielen Dichterstellen für *tingere* gebraucht, z. B. Juvenal II, 93: *ille supercilium madida fuligine tactum* .. weitere Beispiele bei Forcellini. Die Buchstaben rechts von den Namen lauteten wohl: A. F. (= *Auli filius*), M. F. und C. F.

4) Mommsen ergänzt in der ersten Zeile ohne Zweifel richtig zu Q. ein F. = *filius*. Dagegen bin ich nicht sicher, ob er in der zweiten zu *Longid.* richtig die Endung *ius* ergänzt. Aus der Schreibung *A. Trebelli A. F.* in No. 5681 möchte ich vielmehr entnehmen, dass die arpinatischen Steinmetzen in Ciceros Zeit bei längeren Eigennamen um des Gleichmasses der Zeilen willen die Endung wegliessen. Also lautete in 5682 die zweite Zeile wohl: CN. LONGID. CN. F., die dritte CN. TILLIVS. CN. F. Die vierte enthält die Amtsbezeichnung: *aid⟨iles⟩ . d⟨ecuriones⟩ . s⟨enatore⟩s .* und vielleicht *infer.* = *inferiorem*, was wie das folgende *maiorem* zu *turrim* gehören könnte. In der fünften ist wohl mit Mommsen *mai⟨or⟩.*, in der sechsten *fulonica⟨s. sup.⟩*, in der siebenten *inferior⟨es⟩* zu ergänzen.

so haben wir den Eindruck, dass schon im Erwerbsleben der alten Arpinaten die Woll-industrie eine Rolle spielte. [1])

Am interessantesten von allen Inschriften aus Arpinum ist mir No. 5678, die auf Die Weihinschrift am Heiligtum des Mercurius Lanarius. der linken Seite der Façade der Kirche S. Maria di Civita aussen hoch oben eingemauert ist und die nach Mommsens Lesung folgendermassen lautet:

```
|R / V M    S A C R V M|
|TRI. MERCVRIO. LAN|
  CILIX. TVLLI. L. S|
  TEPA . PRECIAE. S|
|PHILOTIMVS  PERFIC|
```

Mommsen ergänzt richtig in der zweiten Zeile pa zu TRI = *patri* und den Schluss *perfic* ⟨*iendum curavit*⟩. In der Deutung der Inschrift aber kann ich Mommsen nicht bei-stimmen, wenn er sagt: „Puto aediculam dedicatam esse a quattuor magistris, quorum alter ordo intercidit“. Meiner Ansicht nach fehlt hier nichts als der schon besprochene Schluss: *perfic* ⟨*iendum curavit*⟩ und der Anfang, der ein Verbum des Weihens enthalten haben muss. Es ist nicht zu entscheiden, ob die Buchstaben RVM als Rest eines Nomens aufzufassen sind, das etwa dem SACRVM beigeordnet war, oder ob sie als RVNT = *runt* aufzufassen etwa den Rest von *voverunt* darstellen. Dagegen finde ich in den Namen der weihenden Personen und im Namen des Curators Personen, die möglicherweise zum Kreise Ciceros gehörten. Cilix, des Tullius Freigelassener, erinnert durch seinen Namen an Ciceros Statt-halterschaft in Cilicien (51/50); er könnte etwa ein kunstfertiger cilicischer Teppichweber gewesen sein, den Cicero aus der Provinz in die Heimat schickte; es ist doch vielleicht kein blosser Zufall, dass auch Appius Claudius, der Ciceros Vorgänger in Cilicien gewesen war, einen Freigelassenen des Namens Cilix besass. [2]) Zu meiner Vermutung passt vorzüglich der Name des zweiten Stifters *Tepa, Preciae servus* und der Name des Curators *Philotimus*. Denn als Cicero im Herbste 50 aus Cilicien heimkehrte, beschäftigte ihn u. a. die Sicherung einer Erbschaft, die ihm ein gewisser Precia — vielleicht ein Arpinate — hinterlassen hatte; er wünscht vor allem, dass der „Gauner“ Philotimus, der Procurator Terentias, [3]) der Gattin Ciceros, das Geld nicht in die Hände bekomme. Deshalb schreibt er am 15. Oktober 50 aus Athen ad Att. VI, 9, 2: παραφύλαξον, *si me amas*, τὴν τοῦ φυρατοῦ φιλοτιμίαν (Anspielung auf Philotimus' Namen) αὐτότατα . . . *procura, quantula-cunque est, Precianam hereditatem prorsus ille ne attingat. Dices nummos mihi opus esse ad apparatum triumphi* . . . Derselbe Stoff wird behandelt ad Att. VII, 1, 9: *quicquid est, Precianum cum iis rationibus, quas ille meas tractat, admisceri nolo. Scripsi ad Terentiam, scripsi etiam ad ipsum* ⟨Philotimum⟩ *me quicquid possem nummorum ad apparatum sperati triumphi ad te redacturum* . . Der Brief an Terentia

---

1) Darauf deutet auch die in der giftigen Rede des Fufius Calenus (Cassius Dio XLVI, 4 f.) ent-haltene Schmähung, Cicero sei der Sohn eines armseligen Walkers gewesen. Es ist ja nicht unmöglich, dass die Tullier in Arpinum ausser ihrem Landbesitz auch Walkmühlen — etwa am Fibrenus — besassen und dass die Wohlhabenheit der Familie teilweise auch darauf zurückging.

2) Cic. ep. III, 1, 2: *Cilix, libertus tuus, antea mihi minus fuit notus . . . biduo factus est mihi familiaris . . Quem cum Romam remittes, quod ut putabamus, celeriter eras facturus, omnibus ei de rebus, quas agi, quas curari a me voles, mandata des velim.*

3) O. E. Schmidt, Cicero und Terentia in Ilbergs Neuen Jahrb. 1898, S. 176 f.

über die hereditas Preciana liegt in Cic. ep. XIV, 5 (§ 2) vor, vgl. ad Att. XII, 29 (24) 3. So wohlbegründet das Misstrauen Ciceros gegen Philotimus war, gelang es ihm doch nicht, diesen Mann aus der Verwaltung seines Vermögens zu entfernen; das kam daher, dass Philotimus das Vertrauen Terentias genoss, die ihr Vermögen von dem ihres Mannes getrennt durch Philotimus verwalten liess.[1]) Deshalb kann es uns auch nicht wunder nehmen, wenn Philotimus in unserer Inschrift als der Kurator des Kapellenbaues erscheint, den ein Freigelassener Ciceros und ein Sklave des Precia dem Mercurius Lanarius, d. h. dem Schutzgotte der Wollweberzunft in Arpinum, weihen. Man müsste natürlich, da Tepa auf der Inschrift als Sklave des Precia erscheint, diese vor Precias Tod und vor Ciceros Heimkehr ansetzen. Dann wäre Cilix wohl schon im Jahre 51 von Cicero nach Arpinum geschickt worden, vielleicht zusammen mit Tepa, der in den Besitz des Cicero befreundeten Precia überging. Ich übergehe alle weiteren Mutmassungen, die man hier anstellen könnte, nur möchte ich den Eindruck befestigt wissen, dass Cilix, Precia und Philotimus zu Ciceros Personenkreise gehören.



Schliesslich fasse ich die einzelnen Züge des Bildes, das wir von Arpinum im Zeitalter Ciceros gewonnen haben, folgendermassen zusammen: Arpinum war seit dem Bundesgenossenkriege ein Municipium. Als einzigen[2]) Magistrat wählten die Bürger alljährlich drei Ädilen, die die Ehre der Wahl durch eine Zahlung in die Stadtkasse oder durch eine entsprechende Stiftung, ein Bauwerk oder dergl. vergalten.[3]) Die Thätigkeit der Ädilen erstreckte sich auf alle Zweige der municipalen Verwaltung: sie besorgen die Finanzen,[4]) sie bilden das städtische Bauamt,[5]) sie fungieren auch als Zensoren[6]) und berufen den Gemeinderat der 100 Dekurionen,[7]) der auch als Senat bezeichnet wurde.[8])

Für besondere Aufgaben, wie z. B. für die Besichtigung und Neuverpachtung der den Arpinaten gehörigen agri vectigales in Gallien werden besondere Kommissionen gewählt.[9])

Der Gemeinderat ergänzte sich in älterer Zeit wohl durch Kooptation, seit der lex Julia municipalis aber durch eine lectio, die die Ädilen vornahmen, wobei in erster Linie natürlich die gewesenen Beamten berechtigt waren, weiterhin aber die über 30 Jahre alten freigeborenen Bürger, die einen gewissen Zensus besassen.[10]) Die Rechte der Ädilen und des Senats ergänzen sich: denn einerseits erscheinen die Ädilen als die Exekutoren der

---

1) O. E. Schmidt a. a. O.

2) Cic. ep. XIII, 11, 1: *is enim magistratus . . nec alius ullus creari solet;* vgl. S. 9.

3) Cic. ad Att. XV, 15, 1; 17, 1; vgl. S. 17, Anm. 1, und Liebenam S. 54 f.

4) Cic. ep. XIII, 11, 3: *municipii constituendi causa;* ad Att. XV, 15, 1; 17, 1.

5) CIL. X, Nr. 5679—5682; vgl. S. 17 f.

6) S. 9 und lex Julia municipalis (tabula Heracleensis) bei Bruns, fontes iuris romani S. 109: *quei in eis municipieis coloneis praefectureis maximum magistratum maximamve potestatem ibei habebit* . . . *censum agito.*

7) Mommsen, Staatsrecht III, S. 845; vgl. Cic. de lege agr. II, 96.

8) CIL. X, Nr. 5679 und 5682; vgl. oben S. 18, und Mommsen CIL. X, p. 556 (wo durch ein Versehen die Inschriftennummern 5579 und 5582 statt 5679 und 5682 angegeben sind). Cicero gebraucht übrigens nie den Ausdruck *senatus* von einem municipalen Gemeinderat; vgl. Madvig, Verfassung etc. II, S. 10.

9) Cic. ep. XIII, 11, 1: Q. Fufidius, M. Faucius, Q. Mamercius.

10) Das ist für Arpinum nicht ausdrücklich bezeugt, man muss es aber aus der Analogie anderer Stadtverfassungen erschliessen; vgl. Liebenam, S. 232 f.

Ratsbeschlüsse, anderseits aber kann der Rat nur beschliessen, wenn er durch die Ädilen berufen ist.[1]) Demnach ist zu einem giltigen Beschlusse die Mitwirkung beider Behörden erforderlich, doch so, dass den Ädilen die Initiative zusteht.

Arpinum scheint in der Zeit zwischen dem Bundesgenossenkriege und Ciceros Tod den grössten Umfang des Gebietes (s. u. S. 22 f.) und seine höchste Blüte bürgerlichen und wirtschaftlichen Lebens erreicht zu haben, was schon daraus hervorgeht, dass eigentlich nur aus dieser Zeit gut beglaubigte Inschriften vorhanden sind.[2])

---

1) Liebenam, S. 252.
2) Mommsen CIL. X, p. 556.

# Das Gebiet von Arpinum bis zum Ende der römischen Republik.

Die Frage nach dem Umfange des Gebietes von Arpinum, des ager Arpinas, ist absichtlich bisher noch nicht gestellt worden. Sie soll, da sie schwierig ist und eine breitere Behandlung fordert, in diesem Abschnitte für sich besprochen werden.



Leider ist Arpinum kein Bistum, sonst würde man im Umfange des bischöflichen Sprengels wenigstens einen Anhalt für die Bemessung des alten Stadtgebietes besitzen.[1] Arpinum steht vielmehr in kirchlicher Hinsicht unter dem Bischofe von Aquino-Sora-Pontecorvo. Wir sind also bei der Berechnung des Stadtgebietes nur auf die Nachrichten der alten Schriftsteller und auf Inschriftenfunde angewiesen. Dabei ist zu beachten, dass die Römer, wie die Italiker überhaupt, nach natürlichen Grenzen gestrebt haben, und zwar nicht nach Flächengrenzen (Gebirge, Wälder), wie die Germanen, sondern nach Liniengrenzen. Deshalb terminierten sie die Territorien am liebsten durch Flüsse und Bäche.[2] Nun liegt aber Arpinum (s. o. S. 3) auf einem Abhange des zentralen Berglandes zwischen den Flüssen: Liris, Fibrenus und Melfis: wir werden also von vornherein erwarten, diese drei Flussläufe als Grenzen des Territoriums zu finden. Das ist auch bis zu einem gewissen Grade der Fall, doch treten an einigen Stellen Nebenbäche statt der Hauptflüsse als Grenzen ein.

Ferner ist zu beachten, dass das Gebiet von Arpinum schwerlich zu allen Zeiten dasselbe gewesen sein wird. Denn sicherlich sind schon in volskischer Zeit durch die Fehden der Nachbargemeinden untereinander auch territoriale Veränderungen bewirkt worden; ferner aber sind auch während der letzten Periode der römischen Republik und während der ersten Periode der Kaiserzeit Gebietsveränderungen bei Städten vorgekommen: Stadtgebiete wurden nach dem Bundesgenossenkriege vergrössert, indem ihnen Landgemeinden, die bis dahin eine gewisse Selbständigkeit besessen hatten (conciliabula, castella), attribuiert wurden,[3] andere sind durch Zerteilung des Territoriums bei Gründung einer Kolonie verkleinert worden.[4] Auch das Gebiet von Arpinum bestand zur Zeit seiner grössten Ausdehnung, in Ciceros Zeitalter, wohl nicht nur aus den ursprünglichen Gauen und Landgemeinden (pagi)[5], durch deren $\sigma\nu\nu o\iota\varkappa\iota\sigma\mu\acute{o}\varsigma$ es entstanden war. So ist z. B. die heutige

---

1) Vgl. z. B. Beloch, Der italische Bund, S. 68 f.
2) E. Schwabe, Der romanische und der germanische Grenzbegriff, Grenzboten 1900, I, S. 16 f.
3) Mommsen, St.-R. III, S. 765 f. Schulten, „Die Landgemeinden im römischen Reich“, Philol. LIII, S. 681. Liebenam, S. 461 f.
4) Marquardt I, S. 35 f.; 118 f.
5) Schulten a. a. O., S. 634 f.

Ortschaft Arce (= Arcis),[1] südlich von der Stadt Arpinum, mit dem darüber thronenden Kastell (Rocca d'Arce), dessen Grundmauern nicht jünger sein sollen[2] als die polygonale Stadtmauer von Arpinum, ursprünglich vielleicht eine selbständige Gemeinde gewesen, die, spätestens nach dem Bundesgenossenkriege, wahrscheinlich schon früher, zu Arpinum geschlagen wurde. Jedenfalls erwähnen weder Cicero noch Livius noch sonst ein Schriftsteller jener Zeit ein selbständiges Arcis; dagegen wurde das in der Flur von Arcis gelegene Landgut des Q. Cicero, das Arcanum, ebenso wie sein Laterium (s. u. S. 25 f.), zum Territorium von Arpinum gerechnet.[3] Wir müssen also annehmen, dass das Gebiet von Arcis in Ciceros Zeit zum Territorium von Arpinum gehörte.

Nach Norden zu reichte es bis an den Fibrenus; denn Ciceros väterliches und grossväterliches Landgut, das ausdrücklich immer als Arpinas bezeichnet wird, lag in dem Mündungsdelta, das der Fibrenus mit dem Liris bildet.[4] Hier berührte sich also das arpinatische Territorium mit dem von Sora. Indessen muss das erstere hier in westlicher Richtung noch über den Liris hinausgegangen sein. Denn Plutarch (Marius 3) bezeugt ausdrücklich, dass Cereatae, der Geburtsort des C. Marius, ein Gau (pagus) von Arpinum gewesen sei: ἐν κώμῃ Κιρραιάτωνι τῆς Ἀρπίνης δίαιταν εἶχε ... Nun lag aber das antike Cereatae an der Stelle der heutigen Abtei Casamari (S. 25); man wird also hier westwärts bis an das Ufer des Baches Amasena geführt und darf wohl annehmen, dass dessen Unterlauf hier in der Nordwestecke anstatt des Liris die Grenze des arpinatischen Territoriums gebildet habe. Die Grenze noch weiter nach Westen hin zu suchen, verbietet die Rücksicht auf die Stadtgebiete von Verulae und Frusino, mit denen hier Arpinum sich berührte. Südlich von dem Punkte, wo die Amasena in den Liris mündet, kann wiederum der letztere nicht die Grenze gebildet haben, wir müssen sie vielmehr weiter ostwärts suchen. Heute ist hier allerdings der Liris die Grenze zwischen Arce und San Giovanni,[5] aber im Altertum muss hier auf dem linken Lirisufer ein Stück des Gebietes der einst so mächtigen Stadt Fregellae[6] und der nach der Zerstörung von Fregellae (129 v. Chr.) gegründeten Stadt Fabrateria nova untergebracht werden. Denn da Fregellae die Brücke beherrschte, auf der die Via Latina den Liris überschritt,[7] so reichte ihr Gebiet sicherlich auf das linke Flussufer herüber. Überdies ist die Lage von Fregellae genau bestimmt durch die Angabe

Nord- und Westgrenze.

---

1) Hülsen in Pauly-Wissowas R. I, S. 1493 s. v. Arx: „Ein Kastell in der Gegend von Arpinum .." Aber wir sind doch kaum berechtigt, diese Nominativform anzunehmen, da der Geogr. Rav. und Guido (ed. Pinder und Parthey, p. 275 und 479) Arcis schreiben und wir auch bei Paulus Diakonus (s. S. 4 Anm. 1) die Akkusativform Arcim lesen.

2) Kelsall a. a. O., S. 53, nennt als die nach dem Volksglauben von Saturn gegründeten Städte: Alatri, Anagni, Atina, Arce, Arpino. Gregorovius, Wanderjahre II, S. 263: „Diese uralte Arx der Volsker erhebt sich auf einem wolkenhohen, wild zerrissenen und grauen Felsenberg: darauf stehen die finsteren Reste der Burg, die sich an Cyklopenmauern lehnt, während unten am Abhange des Berges die neuere Stadt Arce liegt."

3) Cic. ad Q. fr. III, 1, 1: *Ego ex magnis caloribus (non enim meminimus maiores) in Arpinati summa cum amoenitate fluminis me refeci .. In Arcano a. d. IIII Idus Septembres fui. ad Att. I, 6, 2: Quintus frater, ut mihi videtur, quo volumus animo est in Pomponiam et cum ea nunc in Arpinatibus praediis erat ..*

4) S. u. S. 26.

5) Mommsen CIL. X, p. 547.

6) Auctor ad Herenn. IV, 23: „*O perfidiosae Fregellae, quam facile scelere vestro contabuistis! Ut cuius nitor urbis Italiam nuper illustravit, eius nunc vix fundamentorum reliquiae maneant.*"

7) Liv. VIII, 26.

des Itinerarium Antoninianum, dass zwischen Fabrateria (nova) und dem Fregellanum[1])
*III milia passuum* gewesen seien; demnach lag Fregellae genau da, wo jetzt Ceprano
liegt, dessen Eisenbahnstation jedem bekannt ist, der von Rom nach Neapel gefahren ist.
Die alte Lirisbrücke bei Fregellae wurde zugleich mit der Stadt zerstört, die latinische
Strasse südwärts verlegt und der Fluss bei Fabrateria Nova überbrückt.[2])

Der Name Fabrateria findet sich in Falvaterra, westlich von San Giovanni in Carico
wieder, der Ort selbst aber lag unterhalb der steilen Hügel von Falvaterra und San Giovanni
in der lachenden Ebene, die noch heute den Namen la Civita trägt und sich an der von
San Giovanni nach Isoletta führenden Strasse hinzieht.[3]) Auf dem linken Ufer des Liris
bei Isoletta in einer Gegend, die „la limata dello Spedale" heisst, finden sich die Spuren
der Gräberstrasse von Fabrateria,[4]) ein sicherer Beweis, dass hier das Gebiet von Fabrateria
auch aufs linke Lirisufer hinübergriff. Deshalb muss auch hier wieder nicht der Liris,
sondern einer seiner Nebenflüsse die Grenze zwischen dem Fregellanum bez. Fabrateria Nova
und dem Territorium von Arpinum gebildet haben. Unter solchen Umständen ist man
natürlich auf blosse Mutmassungen angewiesen: vielleicht bildete der Rio dei Frassi, der
das Gehölz von Isoletta (Bosco d'Isoletta) östlich umfliesst, die Grenze: er geht etwa einen
Kilometer unterhalb der Brücken von San Giovanni in den Liris. Ist diese Berechnung im
grossen und ganzen richtig, so würde sich ergeben, dass der Liris selbst nur auf einer
sehr kurzen Strecke die Grenze von Arpinum gebildet hat, nämlich von der Mündung des
Rio dei Frassi bis zu der des Melfis und allenfalls noch ein Stück abwärts von der Ein-
mündung der Amasena.

Süd- und Ostgrenze. Sicherer als die Westgrenze scheint sich die Süd- und die Ostgrenze des Territoriums
von Arpinum ansetzen zu lassen. Das südwärts schmäler zulaufende Territorium war um-
spült von der schon genannten kleinen Strecke des Liris, dann vom Unterlauf des Melfis.
In der Ecke zwischen Liris und Melfis und weiter aufwärts am Melfis stiess sicherlich das
Gebiet von Aquinum mit dem von Arpinum zusammen,[5]) weiter nach Nordosten zu grenzte

---

[1]) Fregellae hörte als colonia auf zu existieren, ohne deshalb eine unbewohnte Stätte zu sein.
Cicero spricht ep. XIII, 76 von einer *possessio in agro Fregellano*, ebenso erwähnen die Itinerarien nur „das
Gebiet von Fregellae" = *Fregellanum*, es sank also zum pagus von Fabrateria nova herab, womit sich Strabos
Notiz V, 3, 11: νῦν μέν κώμη, πόλις δέ ποτε γεγονυῖα ἀξιόλογος καὶ τὰς πολλὰς τῶν ἄρτι λεχθεισῶν
περιοικίδας πρότερον ἐσχηκυῖα, νῦν εἰς αὐτὴν συνέρχονται ἀγοράς τε ποιούμεναι καὶ ἱεροποιίας τινάς sehr
wohl verträgt; vgl. Schulten a. a. O., S. 635 f.

[2]) Über die Spuren der antiken Brücken bei Isoletta vgl. Mommsen CIL. X, p. 547.

[3]) Mommsen CIL. X, p. 547.

[4]) Mommsen a. a. O. „Trans eum pontem ⟨etwas abwärts von Isoletta⟩ ad sinistrum Liris in agro
hodie Arcensi (iam enim fluvius terminum facit inter territoria oppidorum San Giovanni et Arce) in regione
quae dicitur la Limata dello Spedale cum nuper lapidum extrahendorum causa effossiones instituerentur, tituli
scripti ii prodierunt. qui hodie Capuae sunt in museo Campano, fuitque ibi sine dubio via sepulcralis Fabraternorum
maxime celebris et splendida."

[5]) Denn es ist kaum anzunehmen, dass Interamna Lirenas bis dahin sich erstreckte; es trug wohl
seinen Namen eher davon, dass es zwischen dem Liris und dem bei Casinum vorübergehenden Bache lag.
Dass Aquinum bis an den Melfis heranreichte, beweisen die in Roccasecca gefundenen Inschriften CIL. X Nr. 5416
und 5426. Mommsen nimmt deshalb mit Recht a. a. O. p. 530 die Orte Capodacqua, Palazzuolo, Caprile,
Roccasecca für Aquinum in Anspruch, ebenso Monte Leucio, Pontocorvo (= villa Aquinensis, cf. Cluver,
Ital. p. 1039), Piumarola, Piedimonte di S. Germano, le Fontanelle und Villa S. Lucia in der Richtung gegen
Interamna. Vgl. auch Strabo V. 3, 9: Ἀκούινον μεγάλη πόλις ἐστί, παρ' ἣν ὁ Μέλπις ῥεῖ ποταμὸς μέγας;
Ἰντεράμνιον, ὃν ἐν συμβολῇ δυεῖν ποταμῶν κείμενον Λείριός τε καὶ ἑτέρου.

am Melfis Arpinum mit Casinum [1]) und endlich am oberen Melfis mit Atina. Nur liegt Atina so nahe am Melfis, dass es zweifelhaft scheint, ob er selbst die Grenze bildete. Ich vermute vielmehr, dass der wenige Kilometer abwärts von Atina von Norden her in den Melfis einmündende grössere Bach (in der Valle Mozza) dazu diente. Indes dies bleibt ungewiss, ebenso, wo und wie die Grenzlinie von diesem Bache aus westwärts umbiegend durch das wilde Bergland den See von Posta, den Ursprung des Fibrenus, und damit das Stadtgebiet von Sora erreicht habe. Dass wir aber im allgemeinen die Nord- und Ostgrenze richtig angesetzt haben, beweist die schon oben angeführte Stelle der Rede Ciceros pro Plancio § 22, in der die Atinaten ausdrücklich als *finitimi* von Arpinum und als *vicinitas* von Atina die Städte Arpinum, Sora, Casinum, Aquinum bezeichnet werden.[2]) Alles in allem umfasste das Gebiet von Arpinum zur Zeit seiner grössten Ausdehnung reichlich fünf deutsche Quadratmeilen, also nicht viel weniger als die freie Stadt Lübeck und etwa dreimal soviel als Pompeji, dessen Territorium H. Nissen auf $1\frac{1}{2}$ Quadratmeile berechnet hat.[3])

Dieses ansehnliche Territorium zerfiel in mehrere Gaue = pagi, die vielleicht älter waren als die Stadt Arpinum selbst.[4]) Es ist uns glücklicherweise möglich, wenigstens noch einige dieser alten Landgemeinden im Stadtgebiet von Arpinum nachzuweisen. Nicht als ein solcher Gau ist, wie schon oben bemerkt worden, das alte Arcis im Süden des Stadtgebietes aufzufassen; vielmehr deutet die dazu gehörige Burg darauf hin, dass es früher einmal als castellum eine selbständige Rolle gespielt hat, gerade wie es auch später wieder selbständig geworden ist (s. u. S. 30). Dagegen scheint doch Cereate, das Plutarch als κώμη τῆς Ἀρπίνης bezeichnet, einer der alten pagi gewesen zu sein, aus denen sich dann das Gebiet von Arpinum zusammensetzte. Der Name hängt vielleicht mit dem der Göttin Ceres zusammen, denn dieser Flurbezirk enthält in der That das beste Ackerland des ganzen Gebietes.[5]) Ein anderer Gau, in dem das Laterium des Q. Cicero gelegen war, trug vielleicht seinen Namen von der Göttin Furina, ein dritter hiess vielleicht Satricum, denn Cicero schreibt in dem schon mehrfach angeführten Briefe an seinen Bruder Quintus III, 1, 4: *Idibus Septembr. in Laterio fui. Viam perspexi; quae mihi ita placuit, ut opus publicum rideretur esse, praeter CL passuum (sum enim ipse mensus) ab eo ponticulo, qui est ad Furinae, Satricum versus.*[6]) Leider lassen sich das Heiligtum der Furina und das

Gaue (pagi) und<br>Örtlichkeiten<br>des Gebietes von<br>Arpinum.

---

1) Mommsen a. a. O. p. 510.

2) Cic. pro Plancio § 22: *sumus enim finitimi Atinatibus. Laudanda est vel etiam amanda vicinitas . . Nemo Arpinas non Plancio studuit, nemo Soranus, nemo Casinas, nemo Aquinas.*

3) H. Nissen. Pompejanische Studien, S. 375. Eine Karte des Stadtgebietes von Arpinum, die die gewonnenen Ergebnisse, obwohl sie teilweise sehr unsicher sind, zu einem Bilde zusammenfasst, habe ich am Schluss der Abhandlung angefügt.

4) Licht in die schwierige Frage, was eigentlich unter pagus zu verstehen ist, hat m. E. erst A. Schulten gebracht in seinem schönen Aufsatze „Die Landgemeinden im römischen Reich" (Philol 53 N. F. 7 S. 627 f.) Darnach sind die pagi ursprünglich Landgemeinden, die ante urbem conditam, bevor das Land in den Städten politische und soziale Centren empfing, die Kreise waren, in die das Volksganze zerfiel. Die Gaue sind so uralt wie die Kapellen und Tempel, die ihren Mittelpunkt bilden, darum führen auch so viele pagi den Namen einer Gottheit.

5) O. E. Schmidt, Frühlingstage am Garigliano, Grenzboten 1898, III, 314.

6) Satricum kommt auch sonst als volskischer Ortsname vor; so heisst z. B. eine Stadt am Asturafluss. Sehr häufig ist auch der Personenname Satrius in den Inschriften des ehemaligen Volskerlandes, z. B. CIL. X, Nr. 5668 (gefunden ,zwischen Rocca d'Arce und Santopadre): Sex. Satrius, ferner unter den Inschriften von Aquinum Nr. 5519—21 kommt der Name Satrius viermal vor.

arpinatische Satricum nicht genauer lokalisieren, ebensowenig wie die übrigen Landgüter des Q. Cicero. Wir können nur sagen, dass das *Arcanum* (s. S. 23) in der Gegend von Arcis, dass der *fundus Fufidianus* in einer wald- und wasserreichen Gegend,[1] das *Laterium* in einer bergigen Gegend gelegen habe[2] und dass in derselben Gegend auch ein *Lucusta*, ein *Varro*, ein *Velvinus* (?) und ein *M. Taurus* ansässig war.[3] Ausserdem besass Q. Cicero zeitweise ein *Manilianum*[4] und *Bovillanum*.[5] Der gerade Weg vom Manilianum auf das Fufidianum führte auf der *via Vitularia* hin. Dieser Strassenname gehört wohl in dieselbe Kategorie wie die römische *Via Salaria*: das Hauptprodukt, das auf der Strasse transportiert wird, hat ihr den Namen gegeben. Demnach bedeutet via Vitularia wohl die „Kälberstrasse", weil auf ihr das Schlachtvieh aus dem arpinatischen Gebiet nach den griechischen Städten der Küste transportiert wurde;[6] auch heute noch betreiben die Arpinaten Viehhandel nach Neapel.

Vielleicht gehen auch die Ortschaften Santopadre, Vicalvi und Alvito auf antike Ansiedelungen zurück. So wenigstens sind lateinische Inschriften in ihnen gefunden worden,[7] ausserdem kommt der Name Vicus Albus bereits 860 n. Chr. in der Chronica S. Benedicti Casinensis vor.[8]

Ciceros Arpinas und seine landschaftliche Umgebung.

Erfreulicherweise lässt sich von den ländlichen Lokalitäten des Gebietes von Arpinum gerade die interessanteste ziemlich genau festlegen: das Arpinas Ciceros. Besonders die Schilderungen dieser Anlage und ihrer landschaftlichen Umgebung, die uns Cicero in dem Werke de legibus entwirft, gestatten eine sichere Lokalisierung.[9] Die Villa, bei deren Errichtung und Erweiterung drei Bauperioden zu unterscheiden waren,[10] lag in dem Delta, das der mündende Fibrenus mit dem Liris bildet, und zwar höchstwahrscheinlich an der Stelle der jetzigen Abtei San Domenico.[11] Sie war von fliessendem Wasser und Gartenanlagen umgeben, besondere Sorgfalt hatte Cicero auf die Erbauung und Ausschmückung

---

1) Cic. ad Q. III, 1, 3: *Ego locum aestate umbrosiorem vidi nunquam; permultis locis aquam profluentem et eam uberem.*

2) a. a. O. § 4: *ea viae pars valde acclivis est.*

3) a. a. O.

4) a. a. O. § 1.

5) a. a. O. § 3.

6) a. a. O. § 3: *Ex eo loco recta Vitularia via profecti sumus in Fufidianum fundum* . . . Die Strasse, auf der ehedem die Butter, das wichtigste Erzeugnis der hochgelegenen Dörfer des oberen Weisseritzthales, nach Dresden gebracht wurde, hiess im Volksmunde die „Butterstrasse". Ebenso giebt es z. B. in der Nähe von Altenberg eine „Eisenstrasse" und eine „Zinnstrasse".

7) Santopadre CIL. X Nr. 5668 und 5676. Vicalvi a. a. O. Nr. 5144, 5150a und b 5152 (POMPONIAE. A. F.) 5153 etc. Alvito: Nr. 5144, 5156, 5157.

8) s. S. 5 Anm. 1.

9) Genauer habe ich Ciceros Arpinas besprochen in meiner Schrift „Ciceros Villen", Leipzig 1899, S. 9—23 (S. A. aus Ilbergs Neuen Jahrb. 1899). Seitdem hat sich auch das Interesse der Italiener diesem Stoffe zugewandt. In Nr. 11 (Settembre-Ottobre) der Zeitschrift Atene e Roma hat F. d'Ovidio eine Studie veröffentlicht: Di dove era l'Arpinate? mit einem recht guten Plan des Geländes und in Nr. 12 (Novembre-Dicembre), nachdem er unterdessen meine Schrift gelesen hatte, einen zweiten Aufsatz: Ancora della Villa Arpinate di Cicerone. In der Hauptsache, dass das Arpinas im heutigen Mündungsdelta des Fibrenus gelegen habe, stimmen wir erfreulicherweise überein; in Nebenpunkten weichen wir beträchtlich voneinander ab, weil ich von der jetzigen Beschaffenheit des Flusslaufes ausgegangen bin, während d'Ovidio sehr starke Veränderungen desselben annimmt. Doch hoffe ich, dass sich auch hierin eine Einigung erzielen lässt.

10) Ciceros Villen, S. 13.

11) a. a. O. S. 12.

eines Amaltheums verwendet.[1]) Auch auf einer benachbarten Insel im Fibrenus „von der Grösse einer mässigen Palästra" hatte er Ruhebänke und Sitze.[2]) Ein schattiger Weg lief längs des Lirisufers zwischen hohen Pappeln und Ulmen hin, auf denen die Nachtigallen ihr Lied ertönen liessen; das Rauschen des Wassers war an manchen Stellen so stark, dass es fast die menschliche Rede übertönte.[3]) Nicht allzuweit vom Ufer des Liris lag ein schattiges Gehölz: *lucus Arpinatium* und eine Eiche, aus der sich einst, als der junge Marius darunter stand, ein Adler erhoben haben sollte, eine Verkündigung seiner künftigen Thaten.[4]) Jetzt noch sind die Ruinen einer alten Lirisbrücke (Ponte Marmone) erhalten, die die Richtung einer alten Strasse angiebt, die aus der Gegend von Cereatae (Casamari) über den Liris herüber im Winkel von 38° auf die neue Strasse Isola—Sora stösst.[5]) Zahlreiche antike Säulen in der Krypta der Klosterkirche San Domenico, zahlreiche Bautrümmer, Inschriften und Grabsteine, die hier zu Tage gekommen sind, beweisen, dass die Gegend an der Fibrenusmündung im Altertum bebaut war.[6])

Sacrale Ge-<br>nossenschaften<br>der Gaue.

Zu den wichtigsten Verpflichtungen der Gaugenossen gehörte die Pflege des Gauheiligtums: sie war entweder einigen *magistri pagi* oder, wo diese nur weltliche Angelegenheiten besorgten, einem oder mehreren *sacerdotes* anvertraut. Eine ihrer Obliegenheiten war eine jährliche Sühnprozession durch den Gau *(lustratio pagi),* durch die man allen Schaden von Fluren und Weinbergen abzuwenden hoffte. Aus den arpinatischen Gauen besitzen wir keine Inschrift, auf der das Wort pagus vorkommt. Dennoch aber glaube ich, dass die Inschrift CIL. X, Nr. 5671, die 1850 im Gebiete von Arce gefunden wurde, in Beziehung zu einem arpinatischen Gaukultus steht. Sie lautet:

D. M<br>
C. IVLIO . SO<br>
TERICHO . F.<br>
C. N̄ . LIB. ET<br>
COLLEG . VEN<br>
ATOR . SACER<br>
DEAN<br>
LVSTRI . III .

und wird von Mommsen folgendermassen aufgelöst: *D(is) m(anibus) C. Julio Sotericho f(ilio) G(ai) n(ostri) lib(erti) et colleg(ium) venator(um) sacer(dotum) Dean[e] lustri(tertii).* Auffällig ist die Lücke nach DEAN; ich möchte sie nicht mit Mommsen durch ein angehängtes e ausfüllen, sondern vermute DEAN. PAGI . = *Deanensis pagi.* Ein *sacerdos [p]agi Dia[nensis]* ist aus CIL. XII, Nr. 2561, ein *praef. pag. Dia(nensis)* aus XII Nr. 2558 bekannt. Wir haben also hier vielleicht die Spur eines *collegium venatorum sacerdotum Deanensis pagi lustri tertii* vor uns.

---

1) a. a. O. S. 15 f.
2) Als diese Insel habe ich a. a. O. S. 10 die Insel Carnello bezeichnet, aber möglicherweise lag sie näher an der Villa und bestand aus einem Stücke des jetzigen Deltas.
3) a. a. O. S. 11. Cic. de leg. I, 14; 15; 21.
4) a. a. O. S. 11.
5) a. a. O. S 11.
6) a. a. O. S. 21 f.

---

# Arpinum in der Kaiserzeit.  Ausblick.

Abtrennung von
Cereatae
Marianae.

Die Wohlhabenheit der Stadt und ihr ansehnlicher Grundbesitz konnte zur Zeit des zweiten Triumvirates, als es sich darum handelte, 170 000 Veteranen der Bürgerkriege in Italien mit Landgütern auszustatten, leicht die Aufmerksamkeit der Gewalthaber auch auf Arpinum lenken.  Indes zunächst entging die hochthronende Bergstadt der Gefahr einer so unheilvollen Besitzumwälzung, wie sie damals über Ancona, Ariminum, Capua, Cremona und viele andere, darunter auch Arpinums Nachbarstädte Sora und Aquinum, [1]) hereinbrach. Vermutlich aber verlor es schon damals seine Besitzungen in Gallia cisalpina (s. o. S. 13, 16 f.), oder es musste sie den Triumvirn durch schwere Geldzahlungen abkaufen. [2])  Ein oder zwei Menschenalter später scheint Arpinum aber auch einen grossen und wichtigen Teil seines eigentlichen Stadtgebietes eingebüsst zu haben.

Denn der *liber coloniarum* enthält folgende Notiz: [3]) *Cereatae Mariana municipium: familia Gai Mari obsidebat: postea a Druso Caesare militibus et ipsi familiae in iugeribus est adsignatum: iter populo non debetur.* [4])  Aus diesen nicht ganz klaren Worten scheint doch wenigstens soviel hervorzugehen, dass der Gau Cereatae (s. S. 25) von Arpinum abgetrennt selbst Stadtrecht bekam und dass daselbst eine Kolonie gegründet wurde, bei deren Assignation D r u s u s  C a e s a r die bisherigen Besitzer, die Rechtsnachfolger des C. Marius, und Soldaten gleicherweise berücksichtigte.  Der Name der Kolonie wird bestätigt durch Strabon, [5]) ihre Einwohner hiessen nach Plinius *Cereatini Mariani,* [6]) dasselbe lehren die Inschriften. [7])

Die Zeit der Gründung von Cereatae Marianae ist durch den Namen Drusus Caesar einigermaassen bestimmt: der unglückliche Sohn des Tiberius (geb. 15—12 v. Chr., Quaestor 11 n. Chr., Konsul 15 n. Chr., ermordet von Sejan 23 n. Chr.) begann doch wohl erst mit

---

1) Gardthausen, Augustus I., S. 90.  CIL. X, No. 5713.

2) Servius' Kommentar zu Virgils Eclog. VI, 64 erwähnt einen *Gallus, a III viris praepositus . . . ad exigendas pecunias ab his municipiis, quorum agri in Transpadana regione non dividebantur.*

3) Lachmann, Schriften der röm. Feldmesser I, p. 233.

4) Hier ist schon der Name unsicher: *Cereatae* steht im Arcerianus, *Caereate* im Palatinus, *Marina* im Arcerianus, *timarena* im Erfurtensis.  Hiernach scheint es nicht unmöglich, dass die Kolonie *Cereate Mariana* hiess, indes habe ich mich mit Mommsen doch für die Pluralform entschieden, da Strabos Hdn. in der in Anm. 5 zitierten Stelle Κερεάται schreiben.  Die Worte *in iugeribus* fehlen in Mommsens Citat CIL., p. 564 versehentlich.

5) Strabo V, 3, 11: Ῥωμαίων δ' εἰσὶ κτίσματα (coloniae) . . . καὶ Κερεάται καὶ Σώρα, παρ' ἣν ὁ Λίρις παρεξιὼν εἰς Φρεγέλλας ῥεῖ καὶ Μιντούρνας.

6) Plin. nat. hist. III, 63: *Cereatini, qui Mariani cognominantur.*

7) CIL. X, Nr. 5781: *ordo Cereatinorum Marianorum,* Nr. 5689: *nummularius Cereatinor.*

dem Tode des Augustus wirklich hervorzutreten,[1]) obwohl ihm Augustus schon im Jahre 13 das Konsulat für 15 in Aussicht gestellt hatte;[2]) ich kann also der Ansicht Mommsens,[3]) dass die Gründung von Cereatae Marianae noch auf Augustus zurückgehe, nicht beipflichten. Anderseits wird man geneigt sein, diesen Akt möglichst früh anzusetzen, weil der Ort als selbständige Gemeinde schon von Strabo erwähnt wird, der sein Werk in den Jahren 18 bis 19 n. Chr. niedergeschrieben zu haben scheint.[4])

Vielleicht hängt die Gründung der Kolonie mit den Soldatenunruhen zusammen, die im Jahre 14 n. Chr. beim Tode des Augustus an der Donau ausbrachen. Nach Tacitus' Bericht (Annal. I, 16—30) wurden sie von Drusus Caesar mehr beschwichtigt als unterdrückt, und es ist wohl möglich, dass damals der Sohn des Kaisers, nach Italien heimgekehrt, eine Anzahl altgedienter Veteranen von der Donau als Kolonisten in das fruchtbare Gelände des Geburtsortes des Marius verpflanzte. Die neue Stadt lag etwa da, wo jetzt die Abtei Casamari liegt; denn dort kam im Jahre 1780 die jetzt im Hause der Cardelli zu Arpinum verwahrte Basis zu Tage mit der Inschrift CIL. X, Nr. 5782:

C. MARIO C. F.
COS. VII. PR. TRIB. PL.
Q. AVG. TR. MIL.

Diese Basis gehörte wohl zu der Bildsäule, die die neue Gemeinde ihrem Heros Eponymos bei der Gründung weihte. Ferner fand man im Jahre 1856, als man den Platz vor der Klosterkirche aufgrub, ein Fragment mit der Inschrift CIL. X, Nr. 5780

SERAP|i
SACRVM|

Vielleicht steht die Kirche von Casamari an der Stelle eines Serapistempels der verschwundenen Stadt. Das Gebiet der Cereatiner umfasste zum mindesten so viel des arpinatischen Gebietes, als auf dem rechten Lirisufer gelegen war, wahrscheinlich aber mehr.[5])

Den Arpinaten war somit der wertvollste Teil ihrer Stadtflur entrissen, einer der Hauptgründe dafür, dass ihre Bergstadt mehr und mehr an Bedeutung verlor. Strabo hat Arpinum in seiner Übersicht über die in der Nähe der Via Latina liegenden Städte schon nicht mehr genannt, obwohl er doch z. B. Venafrum, Aesernia und Allifae anführt.[6]) Plinius ist der letzte bedeutendere Prosaiker der Kaiserzeit, der die Arpinaten noch um ihrer Stadt

Arpinum tritt während der Kaiserzeit hinter Cereatae, Marianae und Arcis zurück.

---

1) Klebs, Prosopographia imperii Romani, p. 176 f.
2) Cassius Dio LVI, 28: τῷ τε Δρούσῳ τῷ υἱεῖ αὐτοῦ ⟨Τιβερίου⟩ ὑπατείαν ἐς ἔτος τρίτον καὶ πρὶν στρατηγῆσαι αἰτῆσαι ἐπέτρεψεν.
3) CIL. X, p. 564: Cereatas rem publicam accepisse probabile est post Ciceronem, cum apud eum Cereatinorum nulla mentio fiat, ante Tiberium, cum chorographia divi Augusti ea quam Plinius expilavit et Strabo iis rem publicam tribuere videantur; itaque res ad ipsum Augustum videtur redire. Der aus Plinius geschöpfte Beweisgrund ist nicht ganz stichhaltig; denn wenn sich Plinius auch zu Eingang der Aufzählung der Städte der ersten Region Italiens auf die *discriptio Augusti* beruft, so bezieht sich dies doch nur auf die Regionenteilung, das Verzeichnis der in der Regio I liegenden Städte aber war vermutlich durch die Namen der späteren Kolonien ebenso fortgesetzt und ergänzt worden, wie die Vorlage der libri coloniarum; vgl. Mommsen in den Schriften römischer Feldmesser II, S. 180 f.
4) Christ, Geschichte der griechischen Litteratur, S. 569, und B. Niese Hermes XIII, 35.
5) Die Inschrift CIL. X, Nr. 5785 ist in Strangolagalli (südlich von Casamari am Amasena) gefunden, Nr. 5717 habe ich selbst in San Domenico eingemauert gesehen; sie ist aber auch dort, auf dem linken Ufer des Liris, gefunden worden und spricht von einem VI. VIR. CEREA ⟨tinorum⟩ cf. Ihm, Eph. epigr. VIII, p. 152.
6) Strabo V, 3, 10.

willen nennt;[1]) denn die Erwähnungen Arpinums bei Festus, Sueton und Valerius Maximus geschehen aus antiquarischem oder litterarhistorischem Interesse;[2]) ebenso sind die Dichterstellen aufzufassen.[3]) Ein tieferes Interesse an der alten Stadt und ihrer grossen Vergangenheit bekundet nur Silius Italicus, dessen ganze Seele von romantischer Schwärmerei für die entschwundene Grösse des Römertums erfüllt war. Er besingt die Tapferkeit der Arpinaten im Kampfe mit den Puniern und erwarb das Landgut Ciceros im Fibrenusdelta, dessen entzückende Lage inmitten kühler Gewässer den Besitz an sich schon wertvoll machte, noch mehr aber begeisterte ihn die Erinnerung an den grossen Mann, der diese Scholle für allezeit geweiht hat.[4]) — Der Rückgang Arpinums wurde aber natürlich auch durch die allgemeinen Verhältnisse Italiens seit dem zweiten Jahrhundert nach Christo, durch die fortwährende Einschränkung der municipalen Selbstverwaltung, gefördert und durch die hohe Lage der Stadt, die die Verbindung mit der im Liristhal von Fabrateria Nova nach Sora hinführenden Hauptstrasse erschwerte. So konnte man in der späteren Kaiserzeit dieselbe Erscheinung beobachten wie heute: die Gaue gewannen an Wichtigkeit vor dem eigentlichen Municipium, die Tochtergemeinden im sanften Thale treten in den Vordergrund vor der alten Mutter auf wilder Höhe. Denn neben Cereatae Marianae erscheint nun auch Arcis als ein selbständiges Gemeinwesen. Wenigstens nennt der Geographus Ravennas,[5]) dessen Vorlage im siebenten Jahrhundert entstanden ist, aber auch „eine Menge Angaben aus einer römischen Landkarte des dritten Jahrhunderts" enthält (Mommsen, Berichte der K. S. G. d. W. 1851 (III), S. 116) als Stationen der Via Latina: *Signium - Anagnia - Alatrum - Ferentinum - Sora - Fabrateria - Mulfe - Arcis - Aquinon*. Die Reihenfolge der Namen ist so zu verstehen, dass zwischen die Hauptstationen *Aquinon - Fabrateria - Ferentinum - Anagnia* solche Orte eingeschoben sind, die seitwärts der Latina liegen, von ihr aus aber durch Nebenstrassen leicht erreichbar sind. Es ist bezeichnend, dass hier *Arpinum* fehlt, während *Arcis* und *Mulfe,* das auf der Peutingeriana als *Melfel* erscheint und wohl die Station an der Melfisbrücke bezeichnet,[6]) und auch *Sora,* ebenso wie *Alatrum* (Alatri) und *Signium* (Segni) genannt sind.

---

Arpinum im Mittelalter.

Im Mittelalter, als Italien aufhörte, ein befriedetes Gebiet zu sein und sich den Stürmen der Völkerwanderung ausgesetzt sah, stieg der Felsen von Arpino samt seiner Cyklopenmauer als Zufluchtsstätte wieder im Werte. Arpinum und Sora scheinen zum Ducatus Romanus gehört zu haben, bis Gisulf, der longobardische Herzog von Benevent, gegen Ende des 7. Jahrhunderts mit Sora auch Arpinum und Arcis erstürmte. Er rückte, wie uns Paulus Diaconus erzählt, bis Horrea vor und Papst Johann V. sah sich genötigt,

---

1) Plin. Nat. Hist. III, 63: *Oppidum Abellinum . . . Arpinates, Auximates . . .*
2) Festus (Thewrewk). p. 292 s. o. S. 10. Sueton s. S. 4, Anm. 2. Val. Max. s. S. 14, Anm. 1.
3) Juvenal VIII, 209 f. Martial X, 19, 18 etc., s. S. 5, Anm. 2; vgl. Plin. Epist. III, 21, 5.
4) Silius Ital. VIII, 399 f., s. S. 9. Martial XI, 48:
> *Silius haec magni celebrat monumenta Maronis,*
> *Iugera facundi qui Ciceronis habet*
> *Heredem dominunque sui tumulive larisve*
> *Non alium mallet nec Maro nec Cicero.*
5) Ravennatis Anonymi cosmographia et Guidonis geographica ed. Pinder et Parthey, p. 275, cf. p. 479.
6) Diese Station lag etwa da, wo jetzt die Eisenbahnstation von Roccasecca liegt.

ihm die Gefangenen und den Frieden abzukaufen.[1]) Später, um 860, kam Arpinum mit Sora, Vicus Albus (Vicalvi s. d. Karte) und Atina durch Verrat an den fränkischen Grafen Wido.[2]) Dann kam die Sarazenen- und zeitweise auch die Ungarnnot über die Gefilde am Liris: von der Mündung des Garigliano aus — wo sie in der Gegend von Minturnae ihre Festung hatten — verheerten die Sarazenen dreissig Jahre lang das Volskerland, bis sie 916 Papst Johann X. bezwang.[3]) Aus dieser Zeit stammen vielleicht die Türme und die anderen mittelalterlichen Ergänzungsbauten, die man auf der Burg von Arpinum noch heute neben dem polygonalen Mauerwerk betrachtet. Der siegreiche Gedanke des Gottesstaates führte im folgenden (11.) Jahrhundert, im Zeitalter der cluniacenischen Ideen, zur Stiftung zweier Klöster auf dem ehemaligen Gebiet von Arpinum, die schon durch den Baugrund, auf dem sie errichtet wurden, auch das Interesse der Altertumsfreunde verdienen. Casamari entstand 1036 auf der Stätte der Geburt des C. Marius, über den Ruinen von Cereatae Marianae, San Domenico 6 Jahre früher auf der Trümmerstätte der Villa Ciceros.[4]) Eine im Jahre 1215 zu Speier vollzogene Urkunde Kaiser Friedrichs II. überlässt einem Riccardo, comiti Sorano omne ius, quod habemus in civitate Sorana cum rocca Sorelle, Arpino, Arce, Fontana . . .[5]), eine Notiz der Chronica Riccardi de S. Germano (Casino) besagt, dass derselbe Friedrich II. 1229 mit vielen Nachbarorten auch Arpinum zerstören liess,[6]) eine Urkunde Papst Urbans IV. vom 17. Juni 1263 erwähnt als kirchlichen Besitz: Sanctus Germanus et tota terra monasterii Casinensis, Atinum et tota terra que dicitur Cominum, Sora, Insula, Arpinum, Fontana, Montenigrum, Castrumceli, rocca et villa Arcis, Pontecurvum et Insula inferior.[7])

In der Zeit der Renaissance gewann der steile Felsen von Arpino durch seine antiken Erinnerungen das Interesse der Gebildeten, und nicht zum wenigsten bildete sich auch bei den Einwohnern der Stadt selbst ein lebhaftes Gefühl, ja eine gewisse Schwärmerei für die Grösse der Vergangenheit aus. Damals, als die alten Heidengötter aus ihren verfallenen Tempeln auferstanden, erwuchs wohl auch der naive Glaube, Arpino sei von Saturn gegründet, ja Saturn sei in Arpinum begraben; dieser Glaube hat dazu geführt, dass ein Steinhaufen vor der Porta dell' Arco als Grabmal des göttlichen Stadtgründers gezeigt wurde, an dem ehedem die Inschrift angebracht war:

*Conditur hic primus Saturnus morte deorum,*
*Imperio cuius Arpinum fundamina sumpsit.*[8])

Einen noch grösseren Stolz atmet die Inschrift, die die Arpinaten auf der Burg anbrachten: *Arpinum a Saturno conditum, Volscorum civitatem, Romanorum municipium, Marci Tullii Ciceronis eloquentiae principis et Cai Marii septies consulis patriam ingredere viator; hinc ad imperium triumphalis aquila egressa urbi totum orbem subjecit; eius*

Arpinum<br>im Zeitalter der<br>Renaissance.

---

1) Paulus Diac., Hist. Long. VI. 27.
2) S. 5 Anm. 1.
3) Gregorovius, Wanderjahre II, S. 264.
4) Baronius XVI, p. 583: Dicendum de nobili Monasterio hoc anno ⟨1030⟩ errecto in Sorano illo ipso in loco, ubi Fibrenus influit in Lirim, illustrato olim incunnabulis Ciceronis.
5) Mon. Germ. Legum T II, 1 p. 226.
6) Mariani, Cicerone e i suoi tempi p. 4.
7) Mon. Germ. Epistolae Saec. XIII 3, p. 518.
8) Diese Inschrift war noch vorhanden, als Clavelli im Jahre 1623 seine Chronik von Arpinum schrieb (s. a. a. O. S. 12). Er sowohl wie Mariani, M. Tullio Cicerone e i suoi tempi p. 9, 2 halten diese Inschrift für antik (!).

*dignitatem agnoscas et sospes esto.*[1]) Im Zusammenhange mit dieser Inschrift steht das
Wappen der Stadt: zwei Türme, über denen der Adler schwebt, entstanden wohl in An-
lehnung an den Vers, den Atticus in Ciceros Werk de legibus aus dem „Marius“ des
Freundes citiert.[2])

Vor allem aber stürzte sich die Begeisterung der Lokalantiquare darauf, die
Beziehungen der Stadt zu Cicero weiter auszugestalten. Man suchte das Geburtshaus Ciceros
irrtümlicherweise in Arpinum selbst und erhob in der Oberstadt Civita vecchia eine alte
Steinhütte, die noch jetzt von den Arpinaten als Haus Ciceros gezeigt wird, zu ihrer
erlogenen Rolle. Ja, man nannte eine Zeit lang die ganze Oberstadt *Civitas Ciceroniana:*
wenigstens erscheint sie unter diesem Namen im Kataster Arpinums vom Jahre 1581.[3])

Schon lange zuvor genoss Arpinum in ganz Italien als Geburtsort des Marius und
Cicero grosses Ansehen: in dem Kriege zwischen Ferdinand v. Arragonien und der Curie
gab Papst Pius II. (1458—64) seinem Feldhauptmann Napoleone Orsini die Ordre: *„Parce
Arpinatibus ob C. Mari et M. Tullii memoriam“.*[4]) Endlich aber genügte die Zweizahl
berühmter Römer, die die Stadt hervorgebracht hatte, Marius und Cicero, dem Lokal-
patriotismus nicht mehr: man brauchte noch einen grossen Namen aus der Kaiserzeit, und
so wurde M. Vipsanius Agrippa, der Feldherr und Schwiegersohn des Augustus, zum
Arpinaten gestempelt. Er schien dazu geeignet, einmal weil wir, soviel ich sehe, über
seine Herkunft überhaupt nichts wissen, dann aber liess er sich als Schwiegersohn des
T. Pomponius Atticus verhältnismässig leicht in den Personenkreis des M. Tullius ein-
gliedern.[5]) So ist denn noch heute die Aussenwand des Ginnasio Regio Tulliano nach dem
Markte zu mit den Büsten des Marius, Cicero und Agrippa geziert und darunter steht zu
lesen: *Arpinum a Saturno conditum, Romanorum municipium, M. Tullii Ciceronis,
C. Marii, M. Vipsaniae Agrippae alma patria.* Vom Standpunkt der Wissenschaft aus
ist ein solches Prunken gewiss verwerflich, aber vom rein menschlichen Standpunkte aus
hat ein solches zähes Festhalten an der Tradition der Väter auch etwas Rührendes, besonders
unter den gegenwärtigen Verhältnissen der Stadt. Das Interesse und die Begeisterung für
die Schicksale und die Geschichte der heimatlichen Scholle ist bei den Italienern überhaupt
verbreiteter und lebendiger als bei uns, und wenn es auch einmal über die Grenzen des
Erlaubten hinausgreift, so verdient es doch als etwas der Vaterlandsliebe und dem National-
bewusstsein Verwandtes eine schonende Beurteilung.

1) Gregorovius, Wanderjahre II, S. 257.
2) Cic. de leg. I, 1: *ex qua ⟨quercu Marii⟩ olim evolavit: Nuntia fulva Ioris, miranda risu figura.*
3) Mariani, Cicerone e i suoi tempi p. 9.
4) Campana, Vita Pii II, vgl. Kelsall a. a. O. S. 67.
5) Übrigens kennt Clavelli, der 1623 schrieb, die Sage, dass Vipsanius Agrippa aus Arpinum stamme,
noch nicht. Wann sie aufgekommen ist, vermag ich nicht zu sagen.

Die beigegebene Karte will, wie schon S. 25, Anm. 3, bemerkt ist, nur als ein Versuch aufgefasst
sein, das Stadtgebiet von Arpinum im Zeitalter seiner grössten Ausdehnung annähernd festzustellen. Statt
der roten Grenzlinien sind rote Punkte gesetzt, wo unsere Vermutung besonders unsicher erschien. Mit
Kapitalbuchstaben sind diejenigen Gemeinden bezeichnet, die in republikanischer Zeit selbständig waren. Rote
Umränderung einer schwarz schraffierten Stadtfläche bedeutet, dass die betreffende Ortschaft schon im Altertum besiedelt war. Rote Schraffierung einer rotumränderten Ortschaft bedeutet entweder einen nur um-
mauerten, aber nicht völlig bewohnten Platz, wie z. B. die Oberstadt von Arpinum, oder eine antike, jetzt
verschwundene Ortschaft, wie z. B. Fabrateria Nova.

# Das Stadtgebiet von Arpinum.

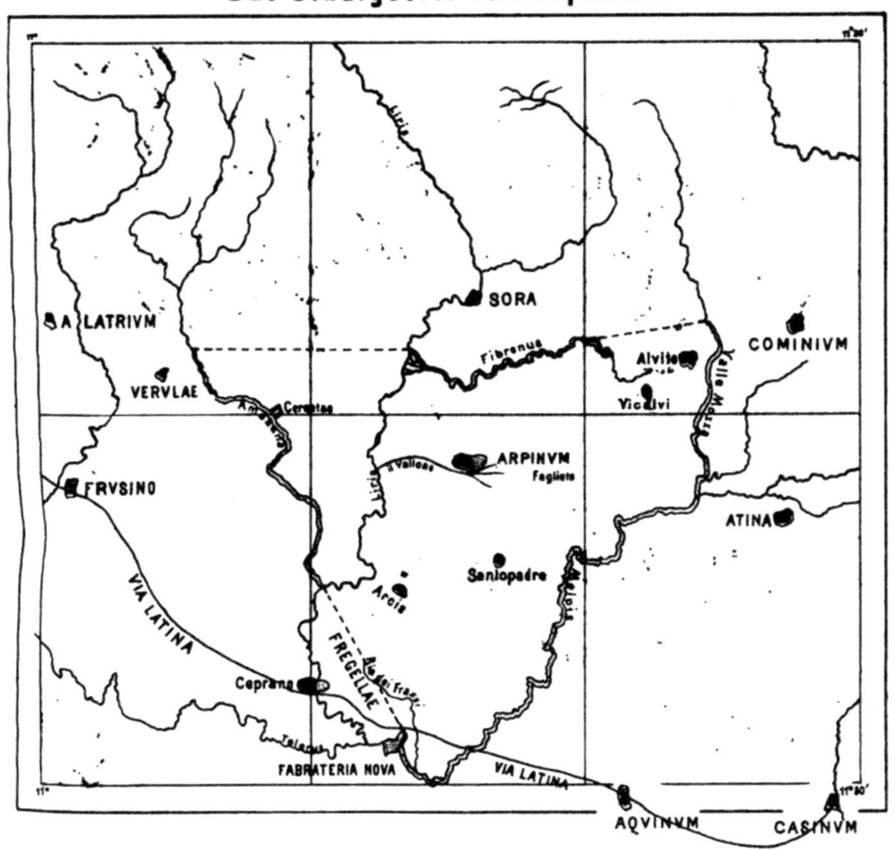


Maßstab 1 : 250000.

# Jahresbericht

über

## die Fürsten- und Landesschule Meissen

### vom Juli 1899 bis Juli 1900.

## I. Lehrverfassung.

### Übersicht des von Ostern 1899 bis Ostern 1900 erteilten Unterrichts.

#### A. In Sprachen und Wissenschaften.

**Oberprima.** Klassenlehrer Rektor und Professor Dr. Peter.

*Lateinische Sprache,* 8 St. Cicero de orat. I c. 1—8. III c. 1—36. Tacitus Ann. III. IV. Horaz Satiren mit Auswahl, Epist. I 1—10. 20. II 3. 7 (6) St. Emendation der (alle 14 Tage abwechselnden) Pensa, Extemporalia und schriftlichen Übersetzungen aus dem Latein. Einzelne Abschnitte aus der röm. Litteraturgeschichte. 3 Ausarbeitungen. 1 (2) St. Rektor.

*Griechische Sprache,* 7 St. Demosthenes De corona; Thukyd. II, und im Anschluss daran Abschnitte aus den Antiquitäten. Schriftl. Übersetzungen aus dem Griechischen und in das Griechische. Repetition ausgew. Abschnitte der Syntax. Topographie von Athen, Kunst, Philosophie; über häusl. und öffentl. Leben in Athen. 4 St. Bis zu den Sommerferien Weinhold, seitdem Pollack. Sophokles Antigone u. Aias. Aeschylus Persae 1—487 u. Euripides Iphig. Taur. (mit Auslass.). 3 St. Rektor.

Privatim wurde unter Kontrolle des Ordinarius und des Prof. Weinhold von allen gelesen: Tacit. Germania u. Ann. I. II. V. VI, Sophokles Elektra, Oedipus rex u. Colon., Thukydides VI 93—E., VII Anf., sonst meist Thukydides u. Tacitus.

*Deutsche Sprache,* 3 St. Goethes Leben und Dichtungen, Herder, Winckelmann, Besprechung der Iphigenie, des Tasso und des Faust. Vorträge, schriftl. Arbeiten. Bis zu den Sommerferien Weinhold, seitdem Pollack.

*Französische Sprache,* 2 St. Lektüre von Molière, L'Avare und von Taine, L'Ancien Régime. Mündliches Übersetzen ins Französische aus Breitingers Grundzügen (bis S. 82). Unterrichtssprache französisch. Emendation der Haus- und Klassenarbeiten. Elle.

*Hebräische Sprache,* 2 St. (kombiniert mit Unterprima). Lektüre der Genesis c. 1—11, des B. Jona, ausgewählter Kapitel d. B. II Samuelis und ausgewählter Psalmen. Repetition der Formenlehre, Syntax im Anschluss an die Lektüre. Repetitionen. Türk.

*Religionslehre,* 2 St. Besprechung der ökumenischen und der lutherischen Bekenntnisschriften. Die evangelische Glaubenslehre nach der Confessio Augustana (1. Teil). Charakteristik der Evangelien, Erklärung des Evangeliums Johannis nach dem Urtext. Repetition früherer Pensen. Türk.

*Geschichte,* 3 St. Neueste Geschichte von 1789 bis 1871 mit Ausblicken in die Gegenwart. Repetition der früheren Pensen, bes. der röm. Geschichte. Schmidt.

*Mathematik,* 4 St. Erweiterung des stereometrischen Pensums der Unterprima. Synthetische Geometrie der Kegelschnitte. Mathem. Geographie. Repetition der Schulmathematik. Hausarbeiten und Extemporalien. Reinhardt.

*Naturkunde,* 2 St. Mechanik, Optik, Akustik. Reinhardt.

**Unterprima.** Klassenlehrer bis zu den Sommerferien Professor Dr. Weinhold, seitdem Professor Dr. Dietrich.

*Lateinische Sprache,* 8 St. Cicero ausgewählte Briefe und Tuscul. L. V. 4 St. Horaz ausgew. Oden und Epoden (25 memoriert) 2 St. Stilistik und Sprechübungen; Emendation der (alle 14 Tage abwechselnden) Scripta und Extemporalia. 1 Ausarbeitung. 2 St. Bis zu den Sommerferien Weinhold, dann Dietrich.

*Griechische Sprache,* 7 St. Thukyd. VI 94—E. VII (mit Auslass.) Demosth. Phil. I. Olynth. L. III. Extemporiertes Übersetzen aus d. Floril. gr. Antiquarisches im Anschluss an die Lektüre. 4 St. Grammatische Wiederholungen. Emmendation der schriftlichen Arbeiten (Übersetzungen, Ausarbeitungen, Extemporalien). 1 St. Gilbert. Homers Ilias I—III. XVIII—XXIV. 2 St. Heyden.

Privatim wurden von allen gelesen unter Kontrolle des Ordinarius und des Oberl. Dr. Heyden die nicht in der Klasse gelesenen Oden des Horatius und die Ilias zu Ende, ausserdem nach freier Wahl.

*Deutsche Sprache,* 3 St. Das Wichtigste aus der Rhetorik und Logik. Übersicht der Entwickelung der deutschen Litteratur zwischen der ersten und zweiten Blütezeit. Besprechung der Messiade und der Oden Klopstocks, von Lessings Laokoon, Hamb. Dramaturgie und Dramen und von schwereren Gedichten Schillers. Übungen im mündlichen Vortrag, Besprechung der schriftlichen Arbeiten. Türk.

5*

*Französische Sprache,* 2 St. Lektüre von Molière, Le Bourgeois Gentilhomme und Maxime du Camp, Paris. Mündliches Übersetzen ins Franz. aus Breitinger (bis c. 16). Beendigung des grammat. Pensums. Unterrichtssprache französisch. Emendation der Haus- und Klassenarbeiten. Elle..
*Englische Sprache,* 2 St. (10 Teilnehmer.) Lektüre aus Deutschbeins Lesebuch (Irving und Macaulay). Abschluss der Syntax nach Gesenius-Regel. Sprechübungen. Elle.
*Hebräische Sprache,* 2 St. Kombiniert mit Oberprima.
*Religionslehre,* 2 St. Die Reformation in ausserdeutschen Ländern. Neueste Kirchengeschichte mit besonderer Berücksichtigung der lutherischen Kirche. Die Werke christlicher Liebesthätigkeit. Die Briefe Pauli. Erklärung des Briefes Pauli an die Römer (stellenweise nach dem Urtext). Türk.
*Geschichte,* 3 St. Neuere Geschichte von 1517—1789. Repetitionen, bes. der griech. Geschichte. Schmidt.
*Mathematik,* 4 St. Stereometrie. Arithmetische und geometrische Reihen. Zinseszins- und Rentenrechnung. Hausarbeiten und Extemporalien. Overbeck.
*Naturkunde,* 2 St. Wärmelehre und Mechanik. Reinhardt.

### Obersekunda. Klassenlehrer Professor Dr. Gilbert.

*Lateinische Sprache,* 8 St. Livius XXIV u. XXV (mit Auswahl), Cicero pro Milone. 3 St. Wiederholung und Ergänzung der Syntax, Stilistisches. 1 St. Korrektur der Pensa, Extemporalia, Elegien, Übersetzungen aus dem Latein. und Ausarbeitungen. Memorier- und Sprechübungen. 2 St. Gilbert. Virgil Aeneis Auswahl aus I—VI (und Durchblick durch die 2. Hälfte). Dietrich.
*Griechische Sprache,* 7 St. Herod. VII c. 1—90 (und einz. Abschnitte ex temp. aus I u. II). Lysias XIII u. XXXI, im S. 2 St., im W. 3 St. Homers Odyssee II—XXIV in Verbindung mit der Privatlektüre (einzelnes gelernt), im S. 3 St., im W. 2 St. Korrektur der Pensa, Extemporalia, schriftlichen Übersetzungen aus dem Griechischen und (2) Ausarbeitungen, mündl. Übersetzen aus Seyfferts Übungsbuch II, Grammatik nach Seyfferts Hauptregeln § 117—168 und Repetition und Erweiterung der Kasus-, Tempus- und Moduslehre. 2 St. Schwabe.
Privatim wurde von allen unter Kontrolle des Prof. Schwabe die Odyssee zu Ende gelesen, ausserdem unter der des Ordinarius Cicero Cato mai., von einzelnen verschiedenes nach freier Wahl.
*Deutsche Sprache,* 3 St. Einführung in das Mittelhochdeutsche. Besprechung und Lektüre des Nibelungenliedes, ausgewählter Gedichte von Walther von der Vogelweide und von Abschnitten aus Wolframs Parzival nach dem Lesebuch von Hopf und Paulsiek; deutsche Litteraturgeschichte bis zur Reformation. Besprechung von Schillers Wallenstein und Shakespeares Julius Caesar und Coriolan; Aufsatzlehre. Rückgabe der schriftlichen Arbeiten mit Übungen im Disponieren; Übungen im freien Vortrag. Dietrich.
*Französische Sprache,* 2 St. Lektüre von Daudet, Lettres de mon Moulin (Ausw.) und von Sarcey, Le Siège de Paris. Mündl. Übersetzen aus Plötz' Übungsbuch II. Emendation der Hausarbeiten, Extemporalien und Diktate. Grammatik nach Plötz, Kurzgef. Gramm. bis zum Artikel (ausschl.), Unterrichtssprache möglichst französisch. Elle.
*Englische Sprache,* 2 St. (8 Teilnehmer.) Grammatik nach Gesenius-Regel, Sprachlehre bis Kap. XV und Lektüre der dazu gehörigen Lesestücke. Sprechübungen. Elle.
*Hebräische Sprache,* 2 St. Lehre von den Elementen, vom Verbum und vom Nomen nach Gesenius-Kautzsch, Extemporalia. Türk.
*Religionslehre,* 2 St. Kirchengeschichte bis zur Reformation (1530) in Deutschland. Erklärung des Jacobusbriefes. Türk.
*Geschichte,* 3 St. Geschichte der römischen Kaiserzeit, des Mittelalters und des Übergangs zur neueren Zeit bis zum Beginn der neueren Zeit. Repetition der früheren Pensen. Dietrich.
*Mathematik,* 4 St. Kreisberechnung, Repetition der Planimetrie, Trigonometrie und Goniometrie, Potenzen und Wurzeln mit ganzen negativen und gebrochenen Exponenten. Quadratische Gleichungen mit einer und mit zwei Unbekannten. Hausarbeiten und gelegentliche Extemporalien. Overbeck.
*Naturkunde,* 2 St. Galvanismus. Reinhardt.

### Untersekunda. Klassenlehrer Professor Dr. Schmidt.

*Lateinische Sprache,* 9 St. Cicero pro Roscio Am., Cato mai., Ausw. aus den Reden in Catil., im S. 3, im W. 4 St. Syntax nach Ellendt-Seyffert: die Lehre von den Temporibus und Modis nebst Repetition und Erweiterung des Pensums der Obertertia. 2 St. Emendation der Pensa, Extemporalia, metr. Arbeiten, schriftlichen Übersetzungen aus dem Latein., mündliches Übersetzen aus Schwabes Übungsbuch 1. Teil und Sprechübungen. 3 bez. 2 St., in 2 Abt. bis zu den Sommerferien Dietrich und Schmidt, bis Michaelis Schmidt, im W. in 2 Abt. Schmidt und Becher. Auswahl aus Ovids Fasten in 2 Abt. Dietrich und Heyden (nach den Sommerferien bis Michaelis in beiden komb. Dietrich).
*Griechische Sprache,* 7 St. Xenoph. Anab. I c. 4—IV, im S. 3 St., im W. 2 St. Homer Od. I, im W. (1—220 memor.) 2 St. Syntax nach Seyfferts Hauptregeln § 1—118 mit Auswahl, Präpositionen, Repetitionen des Vokabulariums von Kübler; mündl. Übersetzen aus Seyfferts Übungsbuch II. Korrektur der Pensa, Extemporalia, schriftl. Übersetzungen aus dem Griechischen und (2) Ausarbeitungen. 4 bez. 3 St. Schwabe.

Privatim wurden unter Kontrolle des Ordinarius (bez. des Dr. Becher) von allen gelesen die nicht in der Klasse gelesenen Stücke von Xenophons Anabasis und ausgewählte Abschnitte aus Ovids Metam. in der Auswahl von Siebelis, ausserdem nach freier Wahl.

*Deutsche Sprache*, 2 St. Lektüre von Goethes Götz von Berlichingen und Hermann und Dorothea, von Schillers Tell, der Jungfrau von Orleans und der Glocke; Besprechung und Deklamation deutscher Gedichte, Besprechung der schriftlichen Arbeiten, Dispositionsübungen. Schmidt.

*Französische Sprache*, 2 St. Lektüre von Béranger, Chansons (einige gelernt) und von Krause, A travers Paris (Ausw.). Mündliches Übersetzen in das Franz. aus dem Übungsbuche von Plötz II, Emendation der Hausarbeiten. Extemporalien und Diktate. Grammatik nach Plötz, Kurzgef. syst. Grammat. (bis zum Infinitiv), Sprechübungen. Elle.

*Religionslehre*, 2 St. Das Leben Jesu nach den Synoptikern. Erklärung der Bergpredigt. Die Apostelgeschichte. Türk.

*Geschichte*, 2 St. Römische Geschichte bis 31 v. Chr. Repetitionen. Schmidt.

*Mathematik*, 4 St. Lineare Gleichungssysteme. Potenzen und Wurzeln mit ganzen positiven Exponenten, Flächenberechnungen, Durchschnitt des Winkels mit Parallelen, Ähnlichkeitslehre. Hausarbeiten und gelegentlich Extemporalien. Reinhardt.

*Physik*, 2 St. Beendigung des chemisch-mineralogischen Kursus der Obertertia. Magnetismus, Reibungselektrizität. Reinhardt.

### **Obertertia.** Klassenlehrer Oberlehrer Dr. Heyden.

*Lateinische Sprache*, 9 St. Caesar bell. Gall. VI. VII c. 63—E., bell. civ. I c. 1—7. III 1—44. 103—E. 3 St. Ausgewählte Stücke aus Ovids Metamorphosen. 2 St. Syntax nach Ellendt-Seyffert 161—229 (mit Auslassungen). Emendation der wöchentlichen Pensa und Extemporalia, der metrischen Übungen und der schriftlichen Übersetzungen aus dem Lateinischen. Mündliches Übersetzen aus dem Deutschen nach Warschauers Übungsbuch II, Vokabellernen nach Ostermann. Lat. Sprechübungen. 4 St. (dazu eine Arbeitsstunde). Heyden.

*Griechische Sprache*, 7 St. Lektüre aus Gerths Lesebuch II und von Xenophons Anab. I c. 1—7. 3 St. Verba liquida, Verba auf $\mu\iota$, Unregelmässigkeiten in Augmentation und Reduplikation, unregelmässige Verba; das Wichtigste aus der Syntax nach Franke-von Bamberg; mündl. Übersetzen aus Gerths Leseb. II, Vokabellernen nach Kübler. Emendation der wöchentlichen Pensa und Extemporalia. 4 St. Bis zu den Sommerferien Pollack, seitdem Becher.

Privatim wurden unter Kontrolle des Ordinarius von allen gelesen Caes. b. Gall. III. VII c. 1—62. b. civ. I c. 8—E. II. III c. 45—102. Ovids Metam. 6 u. 11 (Sieb.). Von einzelnen bell. Gall. VIII und andere Stücke aus Ovids Metamorphosen.

*Deutsche Sprache*, 2 St. Erklärung von Gedichten der epischen Lyrik und aus den Befreiungskriegen, sowie von prosaischen Stücken aus Hopf und Paulsiek, Lebensabrisse von Schiller, Goethe, Uhland, Körner, Arndt, Deklamierübungen, Besprechung der monatlichen Aufsätze und im Anschluss daran einiges aus der Metrik und Grammatik und logisch-rhetorische Übungen. Kunstformen der epischen und lyrischen Dichtung, die wichtigsten Tropen und Figuren. Heyden.

*Französische Sprache*, 2 St. Abschluss der Formenlehre nach Börner C 2, Lektüre der dazu gehörigen Lesestücke und der im Anhange. Regelmässige Sprechübungen im Anschluss an die „Conversations" des Lesebuchs und an Hölzl'sche Bilder. Hausarbeiten, Extemporalien. Diktate. Elle.

*Religionslehre*, 2 St. Geschichte des Volkes Israel. Besprechung des heiligen Landes. Bibelkunde des Alten Testaments. Erklärung der Genesis, des Buches Hiob und der Psalmen. Memorieren von Sprüchen und Kirchenliedern. Türk.

*Geschichte*, 2 St. Griechische Geschichte bis Alexander den Grossen. Schwabe.

*Geographie*, 2 St. (nur im Sommer). Das Wichtigste aus der physischen Geographie. Bis zu den grossen Ferien Overbeck, bis Michaelis Becher.

*Mathematik*, 4 St. Vervollständigung des arithmetischen Pensums der Untertertia. Gleichungen ersten Grades mit einer Unbekannten. Anwendung der Kongruenzsätze auf den Kreis. Analytische Methode in Planimetrie und Algebra der Dreieckkonstruktionen. Flächenvergleichung und -Verwandlung. Hausarbeiten und gelegentlich Extemporalien. Overbeck.

*Naturkunde*, 2 St. (nur im Winter). Hauptlehren der Chemie unter Berücksichtigung wichtiger Mineralien. Reinhardt.

### **Untertertia.** Klassenlehrer Oberlehrer Dr. Pollack.

*Lateinische Sprache*, 9 St. Caesar bell. Gall. I. II. III. VI c. 1—29, 4 St. Übersicht über das Gesamtgebiet der Syntax mit Hervorhebung der Kasuslehre nach Ellendt-Seyffert, Vokabellernen aus Ostermanns Vokabularium für Tertia, mündliches und schriftliches Übersetzen aus Warschauers Übungsbuch I, Sprechübungen, Emendation der wöchentlichen Pensa, Extemporalia und schriftl. Übersetzungen aus dem Lateinischen, Memorierübungen aus Caesar, 5 St. Pollack. (Dazu 1 Arbeitsstunde zu metrischen Übungen und Lektüre von Siebelis Tiroc. poet. Von den grossen Ferien bis Michaelis Becher, sonst Heyden.)

*Griechische Sprache*, 7 St. Formenlehre bis zu den Verbis mutis nach Franke-von Bamberg, verbunden mit mündlichem und schriftlichem Übersetzen, sowie Vokabellernen aus dem Lesebuche von Gerth I; Emendation der wöchentlich abwechselnden Pensa und Extemporalia. Gilbert.

Privatim wurden unter Kontrolle des Ordinarius von allen Cornelius Nepos und Caesar bell. Gall. IV. V. gelesen.

*Deutsche Sprache*, 2 St. Lektüre und Besprechung klassischer Gedichte, bes. Schillers und Uhlands und von Prosastücken aus Hopf und Paulsieks Lesebuch II, 1. Korrektur und Besprechung der monatl. Aufsätze und im Anschluss daran Grammatisches nach Wendts Grundriss d. d. Satzlehre und Stilistisches, Dispositionsübungen, Deklamationsübungen. Bis zu den grossen Ferien Pollack, von da an Becher.

*Französische Sprache*, 3 St. Formenlehre nach Börner C II bis L. 53. Lektüre aller dazu gehöriger und vieler im Anhang enthaltenen Lesestücke. Sprechübungen im Anschluss an die im Lehrbuch enthaltenen „Conversations" und an ein Hölzl'sches Bild Verbesserung der Hausarbeiten, Extemporalien und Diktate (auch zweier kleiner freier Arbeiten). Elle.

*Religionslehre*, 2 St. Einleitendes über Religion und Religionen, Kirche und Konfessionen, Offenbarung, Bibel und Katechismus. Das 1., 2. und 3. Hauptstück. Erklärung von Sprüchen und Liedern, die memoriert wurden, und Besprechung des Kirchenjahres und Kirchenliedes und des evangelischen Gottesdienstes. Türk.

*Geschichte*, 2 St. Bilder aus der deutschen Geschichte vom 30jähr. Kriege bis 1871. Repetitionen des eisernen Bestandes der gesamten Geschichte. Von den Sommerferien bis Mich. Becher, sonst Schwabe.

*Geographie*, 2 St. (nur im Winter). Europa, besonders Deutschland. Overbeck.

*Mathematik*, 3 St. Geometrische Grundbegriffe, die Winkel an Parallelen, Seiten und Winkel eines Dreiecks, Kongruenzsätze und Anwendung auf die Parallelogramme, Konstruktionsübungen. Die 3 ersten Species der allgemeinen Arithmetik. Hausarbeiten und Extemporalien. Overbeck.

*Naturkunde*, 2 St. (nur im Sommer). Abriss der Anthropologie. Besprechung einer Anzahl Pflanzen mit gelegentlichen Bemerkungen aus der Systematik. Overbeck.

## B. In Künsten und Fertigkeiten.

1) *Gesangunterricht*, je eine Stunde für Choralsingen des gesamten Cötus, für Tenor, für Bass, für den grösseren Männerchor und für den auserwählten Chor. Oberlehrer Köhler.

2) *Turnunterricht* in drei Abteilungen mit je zwei wöchentlichen Unterrichtsstunden, dazu wöchentlich eine Stunde für die Vorturner und eine Kürturnstunde für den gesamten Cötus. Oberlehrer Köhler. Ausserdem ist zu freiwilligen Übungen und Turnspielen unter Leitung des Turnlehrers Montag, Dienstag und Freitag von 4—5 Uhr nachm. Gelegenheit gegeben; die Spiele des gesamten Cötus (s. Jahresbericht von 1890 S. 46) finden Mittwoch nachm. im S. von 5—7 Uhr und im Herbst, so lange es die Witterung erlaubt, von 2—4 Uhr im Schulgarten unter gleicher Leitung statt.

### Zusammenstellung der Leistungen im Turnen am Schlusse des Schuljahres 1899/1900.

| Klassen | Schülerzahl | Befreit ganz vom Geräturnen | Befreit auf Zeit | Durchschnitt im Hangwippen mit Ristgriff am Reck | Stützwippen am Barren | Hochstemmen des 25 ko schweren Stabhantels | Weitspringen | Hochspringen vom 10 cm hohen Sprungbrett | Am Reck Felgaufschwung mit Ristgriff[1] | Schwungkippen desgl. | Schwungstemmen desgl. | Halbe Riesenfelge desgl. | Ganze Riesenfelge rückw. mit Kammgr. | Längengrätschsprung über den Kasten[2] | Hangeln bez. Klettern am 6 m langen Tau[3] | Es können schwimmen | Es dürfen in der freien Elbe schwimmen[4] |
|---|---|---|---|---|---|---|---|---|---|---|---|---|---|---|---|---|---|
| Ia | 24 | 1 | 0 | 2 · 11,1mal | 12,8mal | 26,3mal | 4,69 m | 1,34m | 100 % | 90,5% | 66,6% | 85,7% | 33,3% | 90,5% | 85,7% | 100% | 76,2% |
| Ib | 23 | 0 | 0 | 0 · 9,4 | 11,2 | 20,4 | 4,59 | 1,33 | 82,1 | 78,3 | 39,1 | 56,5 | 17,4 | 73,9 | 82,1 | 100 | 65,2 |
| IIa | 22 | 0 | 0 | 0 · 9,6 | 12,7 | 22,0 | 4,46 | 1,32 | 95,5 | 77,3 | 45,5 | 59,1 | 13,6 | 72,7 | 72,7 | 95,5 | 36,4 |
| IIb | 29 | 1 | 0 | 1 · 11,7 | 9,0 | 15,2 | 4,40 | 1,25 | 92,6 | 70,4 | 44,4 | 55,5 | 25,9 | 96,4 | 80,7 | 100 | 48,2 |
| IIIa | 31 | 1 | 2 | 2 · 7,6 | 11,5 | 12,3 | 4,26 | 1,14 | 84,6 | 61,5 | 42,3 | 38,5 | 11,5 | 100 | 69,2 | 96,2 | 30,8 |
| IIIb | 21 | 0 | 0 | 0 · 5,8 | 4,2 | 4,5 | 3,70 | 1,03 | 76,2 | 28,6 | 14,3 | 23,8 | 4,8 | 95,7 | 42,9 | 80,9 | 23,8 |
| | | | | 23 mal | 23 mal | 45 mal | 5,80 m | 1,55m | | | | | | | | | |

Die höchste Leistung eines Schülers.

1) Die Primaner machten den Felgaufschwung am Reck aus dem Streckhang, die Sekundaner mit Ansprung, die Tertianer vom Stand aus.
2) Der Sprungkasten war für die drei oberen Klassen 1,60 m, für die anderen 1,20 m hoch gestellt.
3) Das Tau wurde von den Primanern erhangelt, von den anderen Schülern erklettert.
4) Es darf in der freien Elbe (seit 1895) schwimmen, wer 51 m stromauf bei mittlerem Wasserstand schwimmen kann.

3) *Kalligraphischer Unterricht* für solche Schüler der zwei unteren Klassen, welche dessen noch benötigt sind. 1 St. Oberlehrer Köhler.

4) *Zeichenunterricht* wöchentlich je eine Stunde für die Untertertia und für die künftigen Mediziner, ausserdem 3 St. für freiw. Teilnehmer aus allen Klassen. Realschullehrer Näther.

5) *Tanzunterricht* in 2 Abteilungen mit 2 wöchentlichen Stunden während der Wintermonate. Tanzlehrer Schade.

## Themata der grösseren Arbeiten:

Der deutschen Aufsätze:

**Oberprima:** 1. Welche Bedeutung hat das 24. Buch der Ilias als Abschluss des ganzen Epos? 2. Land und Leute von Elsass und Deutsch-Lothringen im Lichte Goethescher Darstellung. 3. Worauf gründet Iphigenie der Werbung des Thoas gegenüber ihre Weigerung? (Mich.-Ex.) 4. Wie äussert sich in Goethes „Iphigenie auf Tauris" die Macht reiner Menschlichkeit im Bunde mit göttlicher Gnade? 5. Tassos äusseres Leben zu Ferrara. 6. Die Gegensätze in Goethes Torquato Tasso. (Reifeprüfung.)

**Unterprima:** 1. Warum ist Buttler ein unheimlicher Charakter? 2. „Nichts in der Welt ist unbedeutend, das Erste aber und Hauptsächlichste bei allem ird'schen Ding ist Ort und Stunde". 3. Riccaut, ein Gegenbild Tellheims. (Mich.-Ex.) 4. Verdient Schillers Wallenstein den Vorwurf der Gräfin Terzky: „Nur in Entwürfen bist du tapfer, feig in Thaten"? (Schillerrede.) 5. Wieso beweist der erste Akt von „Emilia Galotti", dass der Prinz keine durchaus unedle Natur ist? (Klassenarbeit.) 6. Der Prinz, ein launenhafter Despot. 7. Besprechung des 75. und 76. Stückes der Hamburger Dramaturgie II. 8. Schillers Gedicht: „Am Antritt des neuen Jahrhunderts" mit Beziehung auf die Gegenwart. (Oster-Ex.)

**Obersekunda:** 1. Die gute Sache stärkt den schwachen Arm. 2. Inwiefern enthalten die drei ersten Gesänge des Nibelungenliedes die Exposition des Gedichtes? (Klassenarbeit.) 3. Das Leben des grossen Mannes im Bilde des Stromes nach Goethes Gedicht: „Mahomets Gesang". 4. Arbeit und Fleiss, das sind die Flügel, Sie führen über Strom und Hügel. (Mich.-Ex.) 5. Wodurch gelingt es Sinon, die Trojaner zu täuschen? 6. Walthers Heimatland. (Klassenarbeit.) 7. Wodurch wird Brutus zur Teilnahme an der Verschwörung gegen Cäsar bewogen? 8. Wie wird Wallenstein unserem Herzen menschlich näher gebracht? 9. Inwiefern ist Max die Lichtgestalt in der Wallensteindichtung? (Oster-Ex.)

**Untersekunda:** 1. Begegnung und Aussprache mit dem Frühlinge des Jahres 1899. 2. S. Roscius erzählt der Metella seine Schicksale. 3. Die äussere und innere Not Karls VII. im 1. Aufzuge der Jungfrau von Orléans. (Klassenaufsatz.) 4. Meine Lieblingssprüche aus Schillers Glocke. (Mich.-Ex.) 5. Inhalt und Wichtigkeit der Montgomery-Scenen in der Jungfrau von Orléans. 6. Der Tod der Jungfrau von Orléans, ein Gemälde. 7. Die Sendung Georgs nach Bamberg zu Weislingen. 8. Die Apotheke zum Erzengel Michael. (Klassenarbeit.) 9. Richter und Rechtsgelehrte in Götz von Berlichingen. (Oster-Ex.)

**Obertertia:** 1. Was erfahren wir aus bell. Gall. V. über den Trevererfürsten Indutiomarus? (Klassenarbeit.) 2. Kassandra. 3. Drei Bilder zu Philemon und Baucis. 4. Wie bestätigt der Inhalt von Schillers Taucher die Wahrheit der Worte: „Der Mensch versuche die Götter nicht!" 5. Das Geständnis des Mörders des Ibykus. (Mich.-Ex.) 6. Was veranlasste die Gallier i. J. 52 zum Aufstande? 7. Das Reich Plutos nach Ovids Metam. X 1 ff. 8. Die Erhebung der Deutschen i. J. 1813 in drei Liedern von Körner und Arndt. 9. Welche Gründe erklären den langsamen Vormarsch des Kyros? 10. Ein Augenblick. (Klassenarbeit.) 11. Was erfahren wir aus bell. civ. III 102 ff. über Aegypten? (Oster-Ex.)

**Untertertia:** 1. „Mutter, Mutter, lass mich zieh'n." 2. Der Heinrichsbrunnen in Meissen. 3. Das Windefest. 4. Fürst Bismarck als Schmied. 5. Gunildes Raub und Befreiung. Eine nordische Sage. Nach Uhlands Gedicht: „Der blinde König". (Mich.-Ex.) 6. Pallas Athene, die Beschützerin des Odysseus (nach Beckers Erzählungen). 7. Eine Rede Cäsars an seine Offiziere (nach bell. Gall. 1 40). 8a. Warum und wozu haben wir Ferien? b. Mein Lieblingsheld (nach Beckers Erzählungen). 9. Nutzen und Schaden des Schnees. 10. Der Überfall im Wildbad. (Oster-Ex.)

Themata der lateinischen Elegieen:

**Obersekunda:** 1. Ab Hierone post caedem C. Flamini consulis exercitusque ad Romanos legatio. (Liv. XXII 37.) 2. L. Aemilii Paulli consulis superesse cladi Cannensi nolentis interitus. (Liv. XXII 49.) 3. Heraclia, filia Hieronis, regia stirpe interfici iussa vitam sibi ac filiabus frustra deprecatur (Liv. XXIV 26.) (Oster-Ex.)

---

# II. Verzeichnis der eingeführten Bücher.

## A. In allen Klassen:

Bibel. — Landesgesangbuch. — K. Noack, Hilfsbuch für den evangelischen Religionsunterricht. — Ellendt-Seyffert, Lateinische Grammatik. — C. Franke-v. Bamberg, Griechische Formenlehre mit Seyfferts Hauptregeln der griechischen Syntax (von Obertertia an). — K. Plötz, Kurzgefasste systematische Grammatik der französischen Sprache (von Untersekunda an). — Fr. Reidt, Arithmetische Aufgabensammlung. — A. Schäfer, Geschichtstabellen zum Auswendiglernen. — G. Autenrieth, Beispiele und Regeln zur Rhetorik (von Ober-

tertia an). — H. Luckenbach, Abbildungen zur alten Geschichte (von Obertertia an). — C. Diercke und
E. Gäbler, Schulatlas. — Putzger-Schwabe-Baldamus, Histor. Schulatlas. — Für die am hebräischen
Unterricht teilnehmenden Schüler: Ausser dem Codex H. Scholz, Abriss der hebr. Laut- und Formenlehre
nach Gesenius-Kautzsch' Grammatik, umgearbeitet von E. Kautzsch; für die am englischen: Gesenius-Regel,
engl. Sprachlehre und Deutschbein, engl. Lesebuch. — Dazu die Lexika.

### B. In den einzelnen Klassen:

Untertertia: Der religiöse Memorierstoff. — J. Hopf und K. Paulsiek, Deutsches Lesebuch für
höhere Lehranstalten. 2. Teil. 1. Abt. — G. Wendt, Grundriss der deutschen Satzlehre. — H. Warschauer,
Übungsbuch zum Übersetzen aus dem Deutschen in das Lateinische. 1. Teil. — Chr. Ostermann, Latein.
Vokabularium IV. Abt. Für Tertia. — B. Gerth, Griech. Schulgrammatik und Griech. Übungsbuch. I. —
O. Börner, Lehrbuch der franz. Sprache, Ausg. C. II. Abt. und Hauptregeln der franz. Gramm. nebst
syntaktischem Anhang, Ausgabe B. — E. v. Seydlitz, Kleine Schulgeographie. — O. E. Schmidt, Erzählungen
aus der Geschichte der neueren Zeit. — Fr. Reidt, Die Elemente der Mathematik: I. Allgem. Arithmetik
und Algebra. II. Planimetrie. — Vogel, Anthropologie. — Obertertia: J. Hopf und K. Paulsiek und Wendt,
wie in Untertertia. — H. Warschauer, Übungsbuch zum Übersetzen aus dem Deutschen in das Lateinische.
2. Teil. — Chr. Ostermann, wie in Untertertia. — B. Gerth, Griech. Übungsbuch. II. — O. Kübler,
Griech. Vokabularium. — Börner, Franz. Lehrbuch, Oberstufe, Ausg. C. II. — Dietsch-Richter, Grundriss
der alten Geschichte. — E. v. Seydlitz, wie in Untertertia. — Fr. Reidt, Elemente und Aufgabensammlung,
wie in Untertertia. — P. Meutzner, Leitfaden für den chemischen und mineralogischen Unterricht. —
Untersekunda: Novum testamentum graece. — G. Klee, Grundzüge der deutschen Litteratur-Geschichte. —
E. Schwabe, Aufgaben zur Einübung der lat. Syntax. I. — M. Seyffert, Übungsbuch zum Übersetzen aus
dem Deutschen in das Griechische. 2. Teil. — Börner, wie in Obertertia. — Fr. Reidt, wie in Untertertia. —
P. Meutzner, Leitfaden, wie in Obertertia, und Lehrbuch der Physik. — E. v. Seydlitz, wie in Unter-
tertia. — Dietsch-Richter, Grundriss wie in Obertertia. — Obersekunda: Novum testam. graece, wie in
Untersek. — G. Klee, Grundzüge, wie in Untersekunda. — J. Hopf und K. Paulsiek, Mittelhochdeutsches
Lesebuch mit Wörterbuch. — Drenckhahn, Leitfaden zur latein. Stilistik. — G. Kewitsch, Fünfstellige
Logarithmen. — Fr. Reidt, Die Elemente der Mathematik. IV. Teil: Trigonometrie. — P. Meutzner, Physik,
wie in Untersek. — E. Ulbricht, Grundzüge der Geschichte des Mittelalters. — Unterprima: Novum
testam. graece, seit Untersek. — Breitinger, Grundzüge der französischen Litteratur- und Sprachgeschichte.
Mit Anmerkungen zum Übersetzen ins Französische. — Fr. Reidt, Die Elemente der Mathematik. III. Teil:
Stereometrie. — G. Kewitsch, Logarithmen, wie in Obersek. — P. Meutzner, Physik, seit Untersek. —
O. Kämmel, Grundzüge der neueren Geschichte. — Oberprima: Novum testamentum graece, seit Unter-
sekunda. — Breitinger, wie in Unterprima. — G. Kewitsch, Logarithmen, seit Obersek. — P. Meutzner,
Physik, seit Untersek. — O. Kämmel, Grundzüge, wie in Unterprima.

---

# III. Vermehrung des Lehrapparates.

## A. Für die Lehrer-Bibliothek

wurden aus den etatmässigen Mitteln angeschafft:

Monumenta Germ. histor. Epist. II 3. V 2. — Inscript. Graec. insul. II. — Euripidis fabulae edd.
Prinz et Wecklein I 1—4. III 1. 2. — Anthol. Graec. epigramm. ed. Stadtmüller II 1. — Euclidis op. omnia
edd. Heiberg et Menge. Suppl. — Joannes Philoponus De aeternitate mundi ed. Rabe. — Musici script.
Graeci rec. Janus. Suppl. — Corp. script. eccles. Lat. XXXXI sect. V. — Aeschylos Orestie von
v. Wilamowitz-Möllendorff. II. — Hero Alexandrinus rec. G. Schmidt (griechisch u. deutsch) I u. Suppl. —
Marcellus De medicamentis ed. Helmreich. — Commentar. in Aratum rell. coll. Maass. — Cod. diplom.
Saxon. reg. I B 1. — Kerbach, Monum. paedag. Germ. I—XIX. — Schanz, Gesch. d. röm. Litt. II 1. —
Pauly-Wissowa, Realencycl. d. klass. Altertumswiss. 6. Halbb. — Leipziger Studien XIX 1. 2. — Wiener
Studien 17—21. — Zielinski, Cicero im Wandel d. Jahrh. — Schneidewin, Die antike Humanität. — Gesch.
d. Wissensch. in Deutschl. XXIII. — Grimm, Deutsch. Wörterb. X 1—3. IV 1 (3, 2). — Goethe-
Jahrbuch XX. 1899. — Schriften der Goethe-Gesellschaft III. XIV. — Goethes Werke (Sophien-Aus-
gabe) I 19. 22. III 10. — Müllenhoff, Deutsche Altertumsk. IV 2. — Burckhard u. Meyer, Encyclop. d.
math. Wiss. I 1, 1—4. 2, 1. — Weinhold, Physik. Demonstr. 3. Lfg. — Klöpper, Franz. Real.-Lex.
14.—18. Lfg. — Eulenberg-Bach, Schulgesundheitslehre 9—11. — Vogel, Zur Charakteristik des Lucas. —
Hassel, König Albert v. Sachsen. II. — Veröffentl. z. Gesch. d. Gelehrt.-Schulw. im Albert. Sachsen I. —
Aus d. Schriften d. Kgl. Sächs. Kommission f. Gesch.: Wülcker, Hans v. d. Planitz. Brandenburg, Polit.
Korresp. d. Kurf. Moritz v. Sachs. I. — Tafelbilder Lucas Cranachs d. Ält. — Literar. Centralbl. 1899. —
Zeitschr. f. Gymnasialwesen 53. 1899. — Bursian-Müller, Jahresb. über d. Fortschr. d. klass. Alter-
tumsw. 27. — Neue Jahrb. f. klass. Phil. u. Paedag. Suppl. XXV 1—3. XXVI 1. Neue Folge 3—6. —
Mitteil. d. Kaiserl. Deutsch. arch. Inst. zu Athen XXIII 4. XXIV 1—4. — Rhein. Mus. LIV. LV 1. —
Hermes 34. — Philologus LVIII 3. LIX 1. Suppl. VII 3. 4. — Histor. Ztschr. 82. 83. 84, 1. — Obrtmann,

Jahresb. üb. d. Fortschr. d. Math. XXVIII 2. 1897. — Literaturbl. f. germ. u. roman. Philologie 19. 20. — Neues Archiv f. Sächs. Gesch. XX 3. 4. XXI 1. 2. — Petermann, Geogr. Mitteil. 1899. XLV. XLVI 1. — Fries u. Meier, Lehrprob. 61. 62. — Sammlung d. Kgl. Sächs. Altertumsver. zu Dresd. 1—3.

An Geschenken erhielten wir:

Vom Königlichen Ministerium des Kultus und öffentlichen Unterrichts: Die Programme der Universität Leipzig, sowie die Habilitationsschriften und Doktor-Dissertationen ihrer philosophischen Fakultät. — Von der Königl. Sächs. Gesellschaft d. Wissenschaften zu Leipzig: Abhandlungen der philol.-hist. Kl. XVIII 5. XIX 1. und der math.-phys. Kl. XXV 3—7. XXVI 1. 2, Berichte über die Verhandl. d. philol.-hist. (1899) Kl. LI 1—5. LII 1 u. d. math.-phys. Kl. LI 3—6. LII 1. Allg. Teil. Naturw. T. — Von der Königl. Bayer. Akademie der Wissenschaften: Sitzungsbericht d. philos.-hist. Kl. 1899. 1. 2. — Vom Königl. Sächs. Statist. Bureau: Zeitschr. XLV 1—4 (1899). — Von der Handels- und Gewerbekammer Dresden: Bericht über 1897. 1898. 1899 I. — Von der „Isis“ in Meissen: Annual Report of the Smithson-Instit. in Washington. 1896. 1897. — Von der Gehestiftung in Dresden: Berichtsjahr 1898/99. — Von d. Vorstehersch. d. Freimaurer-Inst. in Dresden: Festschriften z. Feier des 125jähr. Bestehens u. der Einweihung des neuen Gebäudes. — Von der Weidmannschen Buchhandl.: Verlagskatalog vom 1. Jan. 1900. — Vom afran. Kollegium: Preuss. Jahrb. 1899. — Von den Philologen dess.: Archaeol. Jahrb. XIV. XV. — Von der Landesschule Pforte: Ecce 1899. — Vom Verein ehemaliger Fürstenschüler: 5 afran. u. 5 grimm. Ecce 1899. — Von Herrn Professor Dr. Dietrich: Mitteil. a. d. hist. Literat. XXVII 1—4. XXVIII 1. 2. — Von Herrn Oberl. Dr. E. Pollack: Falk, Die sanitäts-poliz. Überwachung d. Schulen. — Von Bernh. Richters Buchhandlung: Buchwald, Dr. M. Luthers grosser Katech. — Von der Buchhandlung d. Waisenh. in Halle: H. Knauth, Cornelius Nepos (Ausw.). — Von den Herren Verfassern: O. Radestock; Dr. phil. Gustav Mühlmann; — Martin May: Beitrag zur Stammkunde der deutschen Sprache. — Für die Afranerbibliothek erhielten wir von den Herren Verfassern: O. E. Schmidt: Ciceros Villen. — Glöckner: Beitr. z. Lehre vom engen Becken. — Schöne: De dialecto Bacchylidea. — E(dm.) R(othe): Erlebtes und Erstrebtes. — Kapitän J. W. Wendt. — Gelegenheitsdichtungen. — Harig: Schloss u. Stadt Augustusburg. — Kreyssig: Erster Nachtr. z. Album d. ev.-luth. Geistl. — Dr. Artur Pollack: Bearbeitung von: Pepper, Grundzüge d. chirurg. Pathologie. — Dr. Erwin Pollack: Hippodromica.

### B. Für die Schülerbibliothek wurden neu erworben:

Für Prima: E. R(othe), Erlebtes u. Erstrebtes. — Überall, Zeitschrift des Deutschen Flottenvereins, Jahrgang 1899. — Ost, Hand- u. Nachschlagebuch für Offiziere u. Einjährig-Freiwillige. — Allers u. Kraemer, Unser Bismarck. — v. Zwiedineck-Südenhorst, Venedig. — Lichtwark, Übungen in der Betrachtung von Kunstwerken. — Wuttke, Sächsische Volkskunde. — Mitteilungen des Meissner Geschichtsvereins V 2. — Die Verfassung des Deutschen Reiches. — Wieland, Ein Ausflug ins altchristliche Afrika. — Petersen, Vom alten Rom. — Hassell, König Albert, 2. Teil. —. M. Greif, General York (Geschenk von Amelangs Verlag). — Für Sekunda: Lange, Xenophon (Gym.-Bibl. 9). — Hachtmann, Pergamon (Gym.-Bibl. 32). — Pappritz, Marius u. Sulla. — Lutherdenkmal 11 (Geschenk von B. Richters Buchhandlung).

### C. Für den naturwissenschaftlichen Unterricht

wurden aus den etatmässigen Mitteln angeschafft: Beiblätter zu den Annalen der Physik und Chemie für 1899 (Bd. 23), eine Schwungmaschine, Rebenstorffsche Farbenthermoskope, ein Pappmodell der Dynamomaschine, Gerätschaften und Chemikalien, eine Wasserstrahlluftpumpe nach Arzberger-Zulkowsky mit Quecksilbermanometer. Die Einrichtung des Lehrzimmers erfuhr eine Verbesserung durch Aufstellung eines zweiten kleineren Experimentiertisches, der es ermöglicht, viele Versuche in grösserer Nähe der Schüler als bisher auszuführen. — Geschenkt erhielt die Sammlung von Herrn Dr. Ohm in Cölln einige Kilogramm Rückstände bei der Uranfabrikation aus böhmischer Pechblende (radioaktives Mineral für Becquerelstrahlen), von Herrn Bergrat Dr. Heintze Uranerzschlick; ferner Ostern 1900 von den Abiturienten Rohrwerder 10 Mk., Jauch 10 Mk., Heder 12 Mk., v. Schröter 10 Mk. Über die Verwendung dieser Geldgeschenke wird im nächsten Programm berichtet werden.

### D. Für den geographischen Apparat:

K. Bamberg, Europa, physikalische Ausgabe mit rot markierten Grenzen.

# IV. Statistik der Landesschule.

Seit dem Schulfeste 1899 verliessen die Anstalt:
a) mit dem Reifezeugnisse zu Ostern 1900:

| | Wissenschaftl. Cens. | Sittencons. | Beruf. |
|---|---|---|---|
| *Albert Poetzsch* aus Skässchen, geb. 8. Juni 1880 | IIa. | I. | st. Theologie. |
| *Franz Rohrwerder* aus Messa b. Lommatzsch, geb. 10. Febr. 1881 | Ib. | I. | „ Jura. |

| | Wissenschaftl. Cens. | Sittencens. | Beruf. |
|---|---|---|---|
| *Percy Waentig* aus Dresden, geb. 9. Mai 1881 | Ib. | Ib. | st. Chemie. |
| *Friedrich Türk* aus Frauendorf, geb. 23. September 1880 | II. | I. | „ Theologie. |
| *Hermann Günther* aus Löbau, geb. 16. Februar 1879 | IIa. | I. | „ Theologie. |
| *Martin Pietzold* aus Annaberg, geb. 17. September 1880 | IIa. | I. | „ Theologie. |
| *Ehrhardt Henke* aus Ebersbach, geb. 10. April 1880 | IIb. | I. | „ Jura |
| *Fritz Michael* aus Neustadt i. S., geb. 6. Juni 1881 | IIb. | I. | „ Jura. |
| *Alexander Schmidt* aus Meissen, geb. 11. Juni 1881 | II. | I. | „ Jura. |
| *Alexander von Keller* aus Ebersbach, geb. 15. April 1881 | IIa. | I. | „ Jura. |
| *Kurt Timmermann* aus Meissen, geb. 12. Dezember 1879 | IIIa. | I. | „ Jura. |
| *Arno Jauch* aus Jessen, geb. 17. März 1878 | III. | I. | „ Jura. |
| *Friedrich Günther* aus Nossen, geb. 22. Oktober 1880 | IIb. | I. | „ Medizin. |
| *Arno Otto* aus Niederfähre, geb. 7. November 1880 | II. | Ib. | „ Jura. |
| *Reinhold Naumann* aus Tokio, geb. 18. Dezember 1880 | IIb. | Ib. | „ Elektrotechnik. |
| *Karl Heder* aus Meissen, geb. 15. Dezember 1879 | IIIa. | IIa. | „ Medizin. |
| *Johannes Rosenkranz* aus Radeberg, geb. 15. September 1880 | IIIa. | Ib. | zur Marine. |
| *Walther Schaale* aus Reudnitz, geb 9. September 1879 | IIIa. | IIa. | st. Jura. |
| *Heinrich Lenk* aus Hubertusburg, geb. 8. Dezember 1880 | IIIa. | l. | „ Theologie. |
| *Georg Dost* aus Grünfeld b. Waldenburg, geb. 13. Februar 1878 | IIIa. | I. | „ neuere Sprach. |
| *Hans von Milkau* aus Oschatz, geb. 17. Juni 1879 | III. | IIa. | „ Jura. |
| *Johannes Uhlig* aus Sachsenburg, geb. 4. August 1880 | IIIa. | I. | „ Jura. |
| *Hans von Schroeter* aus Bautzen, geb. 30. August 1879 | IIIa. | Ib. | zur Landwirtsch. |
| *Hans Büchner* aus Pirna, geb. 6. Januar 1879 | III. | Ib. | st. Theologie. |

b) vor der Reifeprüfung:

*Ernst Bergmann* aus Colditz von IIa auf das Gymnasium zu Dresden-N.
*Johannes Köber* aus Meissen von IIb, um Apotheker zu werden.
*Karl Kopp* aus Wellerswalde von Ia wegen Krankheit.
*Erich Bönisch* aus Göhrischgut b. Zehren von IIIb auf eine andere Schule.
*Gerhard Zeissler* aus Lampertswalde von IIIa auf das Gymnasium zu Wurzen.
*Rudolf Merbach* aus Bautzen von IIIb auf ein anderes Gymnasium.
*Hans Bässler* aus Glauchau von IIIb auf ein anderes Gymnasium.

**Aufgenommen wurden zu Ostern 1900:**

Nach Obersekunda:

1. *Rudolf Eugen Rössler* aus Schandau, Extr.

Nach Untersekunda:

2. *Arthur Kurt Maune* aus Röhrsdorf b. Wilsdruff, Al.
3. *Ernst Richard Wecke* aus Wiesa b. Schönfeld i. S., Al.

Nach Obertertia:

4. *Johannes Felix Morgner* aus Netzschkau, Al.
5. *Karl Friedrich Wilhelm Heinrich Schilling* aus Grossenhain, Al.
6. *Wilhelm Ernst Johannes Kleemann* aus Waldenburg i. S., Extr.
7. *Hermann Arthur Frenzel* aus St. Michaelis bei Freiberg, Al.

Nach Untertertia:

8. *Martin Friedrich Rosenkranz* aus Glauchau, Al.
9. *Otto Reinhard Roth* aus Oberhainsdorf i. V., Al.
10. *Herbert Eugen Hermann Ludwig Hampe* aus Grossenhain, Al.
11. *Bruno Peter Tröger* aus Jöhstadt, Al.
12. *Richard Walter Schroth* aus Meissen, Al.
13. *Kurt Ferdinand Seidel* aus Plauen i. V., Al.
14. *Max Richard Schulze* aus Meissen, Al.
15. *Adolf Paul Thomas* aus Dahlen, Al.
16. *Paul Otto Anger* aus Oelsnitz i. E., Al.
17. *Kurt Wilhelm Rühle* aus Cölln (Elbe), Extr.
18. *Werner Fraustadt* aus Annaberg, Extr.
19. *Kurt Johannes Hülse* aus Hirschfelde, Extr.
20. *Alfred Georg Brähmer* aus Dresden, Extr.
21. *Rudolf Ludwig Starke* aus Meissen, Extr.
22. *Max Alfred Lägel* aus Oberottendorf, Extr.
23. *Albin Werner Köckritz* aus Grossenhain, Extr.
24. *Karl Martin Türke* aus Waldkirchen, Extr.
25. *Ernst Albert Bunzel* aus Cölln (Elbe), Extr.
26. *Oskar Waldus Nestler* aus Meissen, Extr.
27. *Gottfried Hellmuth Kuno Striegler* aus Fördergersdorf, Extr.
28. *Gabriel Schüttoff* aus Constappel, Extr.
29. *Rudolf Moritz Franz Böhme* aus Meerane, Al.
30. *Werner Johannes Hermann Franz Stippich* aus Copitz bei Pirna, Al.
31. *Karl Friedrich Scheinpflug* aus Frauenhain, Extr.
32. *Wilhelm Otto Schumann* aus Meissen, Al.
33. *Karl Friedrich Gottwalt Freiherr von Teubern* aus Krummenhennersdorf, Al.
34. *Randolph George Joseph Freeman* aus Meissen, Extr.
35. *Rudolf Karl Alexander Wolf von Schönberg-Pötting* aus Tanneberg, Al.
36. *Karl Siegfried von Mayer* aus Dresden, Al.

---

# V. Prämien, Stipendien und Schulgelderlass.

1. *Kreyssigsche Prämie* für die beste lateinische Elegie (15 Mk). Professor Dr. Gilbert hatte als Thema gegeben: Iltis scaphae tormentariae cum praefecto nantisque in aquis Sinensibus exitium. Das beste Gedicht wird am Schulfeste vorgetragen werden.

2. *Uhlemannsche Stiftung.* Diese Prämie (je 30 Mark) erhielt zu Michaelis 1899 der Oberprimaner Martin Pietzold aus Annaberg für die beste deutsche Arbeit. an Schillers Geburtstage 1899 der Unterprimaner Karl Ruppel aus Radeburg für die beste Bearbeitung eines auf diese Feier bezüglichen Themas in deutscher Sprache und zu Königs Geburtstag 1900 die Oberprimaner Karl Ruppel aus Radeburg (deutscher Redner) und Waldemar Dietrich aus Leipzig (lateinischer Redner), sowie der Unterprimaner Guido Winter aus Weesenstein (für ein vorgetragenes deutsches Gedicht).

3. *Dillersche Stiftung* für Fleiss und Fortschritte in der deutschen Sprache. Beim Schulfest des vorigen Jahres erhielten diese Prämie der Oberprimaner Franz Rohrwerder aus Messa bei Lommatzsch, der Unterprimaner Waldemar Dietrich aus Leipzig, der Obersekundaner Hans Hassfurther aus Eibenstock und der Obertertianer Gerhard Fröhlich aus Schwarzenberg (je 6 Mark zur Anschaffung eines Werkes der deutschen Litteratur).

4. Die *Schumannsche Prämie* für Fleiss und Fortschritte in der hebräischen Sprache (eine hebräische Bibel) hat der Lehrer der hebräischen Sprache, Professor Lic. Türk, dem Unterprimaner Friedrich Poetzsch aus Skässchen zum Schulfeste des vorigen Jahres zuerkannt.

5. *Bräunlichsche Stiftung.* Von den Zinsen dieser Stiftung erhielten nach der Osterprüfung 1900 die Unterprimaner Kurt Roitzsch aus Chemnitz und Johannes Steinbach aus Wittgensdorf je 6 Mark zum Ankauf von Schulbüchern.

6. *Afraner-Stiftung* für Privatfleiss und sittliches Wohlverhalten. Im vorigen Jahre erhielten diese Prämie zum Schulfeste die Oberprimaner Martin Pietzold aus Annaberg (30 Mark 84 Pfg.) und Franz Rohrwerder aus Messa bei Lommatzsch (30 Mark 83 Pfg.).

7. *Stipendium der alten Afraner.* Dasselbe wurde Ostern d. J. nach dem schriftlichen Vorschlage der Abiturienten mit Genehmigung des Lehrerkollegiums dem Abiturienten Albert Poetzsch aus Skässchen verliehen (245 Mark).

8. Die *Reinhardsche Geldprämie* erhielt zu Michaelis 1899 der Oberprimaner Albert Poetzsch aus Skässchen und zu Ostern 1900 der Unterprimaner Walther Felcht aus Dahlen (je 12 Mark 50 Pfg.).

9. Das *Kreyssigsche Viaticum* erhielt zu Ostern 1900 der Oberprimaner Franz Rohrwerder aus Messa bei Lommatzsch (20 Mark).

10. Aus dem *Geyersbergschen Legat* (140 Mark) erhielten Johannis vor. J. die Oberprimaner Friedrich Türk aus Frauendorf und Heinrich Lenk aus Hubertusburg je 23 Mark und der Unterprimaner Karl Pflugbeil aus Miltitz 22 Mark; zu Weihnachten 1899 der Oberprimaner Franz Rohrwerder aus Messa bei Lommatzsch und die Unterprimaner Kurt Roitzsch aus Chemnitz und Johannes Steinbach aus Wittgensdorf je 24 Mark.

11. *Bücherprämien* erhielten nach dem Michaelisexamen 1899 der Oberprimaner Percy Waentig aus Dresden, der Unterprimaner Waldemar Dietrich aus Leipzig, der Obersekundaner Albert Wagner aus Grossröhrsdorf, der Untersekundaner Walter Gilbert aus Meissen und der Obertertianer Friedrich Merbach aus Zwickau; nach dem Osterexamen 1900 der Unterprimaner Karl Pflugbeil aus Miltitz, der Obersekundaner Guido Winter aus Weesenstein, der Untersekundaner Erich Wellner aus Schwarzenberg, der Obertertianer Paul Horbach aus Reichenbach i. V. und der Untertertianer Georg Fraustadt aus Dahlen.

12. Das *Rumpeltsche Legat* (30 Mark) erhielt auf Vorschlag des Lehrers der Naturwissenschaft, Professor Dr. Reinhardt, am Schulfest 1899 der Oberprimaner Reinhold Naumann aus Tokio.

13. Das *Göschensche Stipendium* (je 600 Mark auf 3 Jahre) wurde Ostern 1900 dem Abiturienten Percy Waentig aus Dresden verliehen.

14. Die *Niethammersche Stiftung* im Betrage von 37 Mark 50 Pfg. erhielt vor den grossen Ferien 1899 ein Oberprimaner.

15. Die *Glöcknersche Stiftung* im Betrage von 21 Mark kam bei der Turnfahrt 1900 in der statutenmässigen Weise zur Verwendung.

16. Die *Roschersche Prämie* (Tacitus von Nipperdey) erhielt zu Ostern 1900 der Obersekundaner Moritz Naechster aus Glashütte.

17. Das *Naumannsche Stipendium* (60 Mark) wurde nach dem Vorschlage der Oberprimaner mit Genehmigung des Lehrerkollegiums zu Ostern 1900 dem Abiturienten Martin Pietzold aus Annaberg verliehen.

18. Das *Viaticum des Vereins ehemaliger Fürstenschüler* (200 Mark) erhielt nach dem Vorschlage seiner Mitabiturienten zu Ostern d. J. Hermann Günther aus Löbau.

19. Die *Wettiner Jubiläums-Stiftung der Stadt Meissen* (97 Mark 50 Pfg.) wurde zum 1. Juli 1899 von dem Stadtgemeinderate nach dem Vorschlage des Lehrerkollegiums dem Oberprimaner Alexander von Keller aus Meissen verliehen.

20. Die *Kurt Hochmuthsche Bücherprämie* erhielt zu Ostern d. J. Oswald Schubert aus Geyer.

21. Das *Viaticum spirituale* (Frommels Herzpostille) erhielt Ostern d. J. der Abiturient Albert Poetzsch aus Skässchen.

22. Die Zinsen der *Eduard Beyer-Stiftung* (105 Mark) wurden in der statutenmässigen Weise an bedürftige Schüler verteilt.

23. Das *Schulgeld* wurde auf Grund der Verordnung des Ministeriums des Kultus und öffentlichen Unterrichts vom 15. September 1876 (s. Jahresber. 1877, S. 45) ganz erlassen: 7 Schülern für 4, 7 Schülern für 2 Vierteljahre; zur Hälfte: 11 Schülern für 4. 18 Schülern für 2 Vierteljahre.

24. Mit herzlichem Dank ist hier endlich noch zu berichten, dass die Vereinigung ehemaliger Fürstenschüler für Freiberg und Umgegend (unter dem Vorsitz des Herrn Oberjustizrat C. v. Wolf) unter dem 15. Juni 1899 aus den Überschüssen ihrer Mitgliederbeiträge eine Summe von 50 Mark zu einem Reisestipendium für einen afranischen Primaner mit der Massgabe gestiftet hat, dass aus den drei von ihren Mitschülern vorzuschlagenden „guten Kameraden" der Rektor den nach seiner Ansicht würdigsten auswählt. Das Stipendium erhielt der Oberprimaner Albert Poetzsch aus Skässchen.

---

# VI. Chronik.

Im Bestand des Lehrerkollegiums ist durch die Berufung des Professor Dr. Weinhold als Rektor an das Königliche Gymnasium in Schneeberg ein Wechsel eingetreten. Zwar erst zu Ostern 1895 von der Schwesteranstalt in Grimma in die hiesige erste Oberlehrerstelle berufen, hat er doch ein dankbares Andenken hier hinterlassen. Es zeichnete ihn nicht nur eine gründliche und vielseitige Gelehrsamkeit aus, es verband sich damit in ihm eine mustergiltige Gewissenhaftigkeit, die sich in gleicher Weise auf den Unterricht und auf die Erziehung erstreckte; ohne je Kraft und Zeit zu schonen, hat er sich gern und bereitwillig jeder Arbeit für die Schule unterzogen und namentlich für seine Pflegebefohlenen in väterlicher Weise gesorgt. Vor der Entlassung des Cötus in die Sommerferien sprach ihm in einer Abendfeier vom 14. Juli, ehe er sich selbst verabschiedete, der Rektor den herzlichsten Dank der Schule und die besten Wünsche für sein neues Amt aus. Zum Ersatz wurde (durch Verordnung vom 19. Mai 1899) der bisherige nichtständige wissenschaftliche Lehrer Dr. Wilhelm Rudolf Becher von Grimma uns überwiesen, der sich rasch bei uns eingelebt und sich in die verschiedenen ihm hier gestellten Aufgaben mit Lust und Liebe hineingefunden hat. Denn da Oberlehrer Elle für die Zeit von den grossen Ferien bis Michaelis zu einem Studienaufenthalt in Paris beurlaubt war (Verordnung vom 22. April 1899) und der während der grossen Ferien an Gelenkrheumatismus erkrankte Professor Dr. Reinhardt noch eines vierwöchentlichen Urlaubs zu seiner Genesung bedurfte (Verordnungen vom 16. und 30. August), so waren mehrfache Änderungen im Lehrplan erforderlich, um die Schüler nicht unter störenden Unterbrechungen des Unterrichts leiden zu lassen. Am 6. April verliess uns der an das Königliche Gymnasium in Dresden-N. versetzte Dr. Becher, für ihn wurde mit dem Wiederbeginn der Schule am 26. April von dem Rektor als elfter Oberlehrer mit kurzer Ansprache Dr. Karl Brandstätter eingeführt (berufen durch Verordnung vom 18. Dezember 1899), der darauf in seiner lateinischen Antrittsrede die Plutarchische Schrift περὶ τοῦ ἀκούειν und auf Grund derselben die sophistische und philosophische Erziehung zur Zeit Plutarchs behandelte. Über sein bisheriges Leben teilt er folgendes mit:

> *Karl Eduard Brandstätter, geboren am 22. November 1868 zu Obernitzschka, besuchte die Quinta und Quarta des Progymnasiums und von Ostern 1883 bis zu Ostern 1889 die Fürstenschule zu Grimma. Darauf studierte er auf der Universität Leipzig klassische und deutsche Philologie, erlangte im Juli 1893 auf Grund einer Dissertation 'De notionum πολιτικός et σοφιστής usu rhetorico' die philosophische Doktorwürde und bestand im gleichen Monat 1894 die Staatsprüfung für die Kandidaten des höheren Schulamtes. Das gesetzliche Probejahr begann er Michaelis 1894 an der Kreuzschule zu Dresden und setzte es Ostern 1895 unter Erteilung vollen Unterrichts am Königlichen Gymnasium zu Dresden-N. fort. An derselben Anstalt wirkte er seit Michaelis 1895 als nichtständiger wissenschaftlicher Lehrer, seit dem 1. Oktober 1899 bis zum 15. April 1900 als ständiger Oberlehrer.*

Demnach besteht das Lehrerkollegium jetzt aus folgenden Mitgliedern:

1. Hermann Peter, Dr. phil., Rektor und erster Professor, Oberschulrat, Klassenlehrer der Oberprima, seit dem 9. Oktober 1871 (geb. zu Meiningen am 7. September 1837).

2. Gustav Türk, Licent. theol., zweiter Professor, seit dem 16. November 1885 (geb. zu Erlau am 20. Februar 1854).

3. Hans Gilbert, Dr. phil., dritter Professor, Klassenlehrer der Unterprima, seit dem 8. April 1880 (geb. zu Bautzen am 6. Juli 1854).

4. Konrad Dietrich, Dr. phil., vierter Professor, Klassenlehrer der Obersekunda, seit dem 20. April 1882 (geb. zu Dahlen am 15. März 1854).

5. Otto Eduard Schmidt, Dr. phil., fünfter Professor, Klassenlehrer der Untersekunda, seit dem 5. Oktober 1891 (geb. zu Reichenbach i. V. am 21. August 1855).

6. Kurt Reinhardt, Dr. phil., sechster Professor, seit dem 5. Mai 1886 (geb. zu Öderan den 5. Dezember 1855).

7. Ernst Schwabe, Dr. phil., siebenter Professor (zum Professor durch Allerhöchstes Dekret vom 23. Februar 1900 ernannt), seit dem 20. April 1895 (geb. zu Rochlitz den 2. Juli 1858).

8. Balduin Elle, siebenter Oberlehrer, seit dem 6. Oktober 1890 (geb. zu Altenburg den 29. April 1859).

9. Rudolf Overbeck, Dr. phil., achter Oberlehrer, seit dem 11. April 1893 (geb. zu Leipzig den 11. Mai 1859).

10. Heinrich Heyden, Dr. phil., neunter Oberlehrer, Klassenlehrer der Obertertia, seit dem 20. April 1895 (geb. zu Ostritz bei Zittau den 13. September 1860).

11. Erwin Pollack, Dr. phil., zehnter Oberlehrer, seit dem 1. Oktober 1894 (geb. zu Geising den 9. November 1863).

12. Karl Brandstätter, Dr. phil., elfter Oberlehrer, seit dem 26. April 1900, Klassenlehrer der Untertertia (geb. zu Obernitzschka den 22. November 1868).

Dazu als ausserordentliches Mitglied des Kollegiums:

Oberlehrer Julius Köhler, ständiger Fachlehrer des Turn- und Gesangunterrichts, seit dem 1. Oktober 1876 (geb zu Johanngeorgenstadt am 20. März 1852).

Einen schmerzlichen Verlust hat das Kollegium durch den Tod des Hofrat Prof. Dr. Flathe am 26. März d. J. in Loschwitz erfahren; denn obwohl er seit Ostern 1895 ihm nicht mehr angehörte (s. Progr. von 1895 S. 41 f.), so hat er auch seit seiner Emeritierung an der Schule, in der er als Alumnus für die Universität vorbereitet worden war und an der er über 28 Jahre als Professor gewirkt hatte, mit wahrhafter Pietät gehangen und die Beziehungen zu seinen ehemaligen Kollegen gern weiter gepflegt. Seine abgeschlossene, auf sich gestellte feste Persönlichkeit machte auf jeden, der mit ihm in Berührung kam, den Eindruck eines ungewöhnlichen Mannes, der Macht seiner hervorragenden Beredsamkeit konnte sich kein Zuhörer entziehen, seine Geschichtswerke haben ihm in ganz Deutschland den Ruf eines zuverlässigen Forschers, eines geistvollen Darstellers und eines warmen Patrioten eingetragen. Zugleich aber war er ein treuer und gewissenhafter Lehrer, der in der Erziehung und im Unterricht sein ganzes Wesen einsetzte und bei Schülern und Kollegen gleiche Verehrung und gleiches Ansehen genoss. Dass er mehrere Jahre seines arbeitsreichen Lebens dazu verwandt hat, eine auf mühsame Forschungen gegründete Geschichte der Schule zu schreiben, muss diese ihm hier noch besonders danken; sie ist stolz auf dieses Werk. Der Beerdigung auf dem afranischen Kirchhof am 29. März wohnte das Kollegium und der Cötus bei; nach den Dankesworten, die ihm der Unterzeichnete in das Grab nachrief, sang der Chor ihm das Ecce. Ein ausführlicher Nekrolog wird im diesjährigen Ecce erscheinen. —

Der Gesundheitszustand war während des abgelaufenen Jahres bei den Schülern mit Ausnahme eines schwereren Falles ein recht guter; bei den Lehrern machte eine Erkrankung des Professor Dr. Reinhardt eine vierwöchentliche, eine von Prof. Dr. Schmidt und eine von Oberlehrer Elle eine mehrtägige Vertretung notwendig. — Das der Gesundheit so zuträgliche Baden in der Elbe muss leider wegen der Verunreinigung des Wassers zunächst eingestellt werden; doch hat das Königliche Ministerium für einen Ersatz Sorge getragen, indem es im Kellergeschoss des Südflügels eine Brausebadanlage mit einem Aufwand von

5833 M. 96 Pf. herstellen lässt (Verordnung vom 23. Mai 1900); es wird so möglich werden, jeden Schüler täglich baden zu lassen; auf die in den letzten Jahren erfreulich entwickelte Kunst des Schwimmens muss freilich verzichtet werden.

Der Gehalt ist in dieser Zeit bei fast allen Lehrern erhöht worden (bei Prof. Lic. Türk und Professor Dr. Gilbert durch Aufnahme in eine der sog. gehobenen Stellen), wofür sie sich ihrer Behörde zu aufrichtigstem Dank verpflichtet fühlen. —

Sehr viel stattlicher stellt sich jetzt die Auffahrt zur Schule dar; wie die Strasse der Freiheit am Kirchhof, so ist auch die Fortsetzung bis zu unserem Thor verbreitert und mit neuen würdigeren Mauern eingerahmt worden; die im Jahr 1893 von unseren alten Schülern gestifteten Statuen kommen nun erst zu voller Geltung. Der Bau ist im vorigen Sommer mit einem Kostenaufwand von 9445 M. 45 Pf. ausgeführt worden.

Über die Feste in der Schule ist folgendes zu berichten: Das Schulfest wurde am 1. Juli bei günstigem Wetter in der üblichen Weise gefeiert, früh durch das Gebet auf dem Götterfelsen, vormittags durch einen Aktus (nach der im vorigen Programm S. 21 mitgeteilten Ordnung), nachmittags durch einen Ausflug mit dem Dampfschiff nach Cossebaude, die 150. Wiederkehr von Goethes Geburtstag (Verordnung vom 3. August 1899) durch einen Aktus am Nachmittag des 28. August in der Aula, in dem nach dem Vortrag von Mahomets Gesang Oberl. Dr. Pollack über die Iphigenie sprach, die Schüler einige Scenen aus ihr vorlasen und der Chor sang, der Sedantag am 2. September vorm. durch einen, wegen des schlechten Wetters in der Aula abgehaltenen Aktus, in dem Prof. Dr. Schwabe die Rede hielt („Über den Begriff der Grenze bei den Römern und den Deutschen"), die Oberprimaner W. Schaale und G. Dost selbstverfasste Gedichte und der Schülerchor mehrere Gesänge vortrugen, dann durch ein gemeinsames Essen und durch Wettspiele in Cossebaude, wohin wir diesmal auf der Eisenbahn gefahren waren. — Die Schulbälle fielen auf den 6. November und auf den 12. Februar. — Am Geburtstag Sr. Majestät des deutschen Kaisers fand ein Festaktus in der Aula mit einer Rede des Prof. Dr. Reinhardt („Über die Notwendigkeit der Weltmachtspolitik Deutschlands") und dem Vortrag patriotischer Gedichte und Gesänge durch die Schüler statt. Der Geburtstag Sr. Majestät des Königs konnte erst nach Wiedereröffnung der Schule am 28. April gefeiert werden (Verordnung vom 5. Februar); in der mit Blumen geschmückten Aula hielt vormittags im Aktus Oberl. Dr. Overbeck die Festrede („Über die chronologischen Eigenschaften des Jahres 1900"), von den Schülern sprach aus der Oberprima W. Dietrich lateinisch („Non omnia apud priores meliora sed nostra quoque aetas multa laudis et artium imitanda posteris tulit") und K. Ruppel deutsch (Schillers Gedicht „Am Antritt eines neuen Jahrhunderts" mit Beziehung auf die Gegenwart), worauf der Unterprimaner G. Winter ein eigenes Gedicht vortrug; mittags fand eine Festspeisung statt, nachmittags eine Musikaufführung (u. a. von dem Delphischen Hymnus an Apollo in der Bearbeitung von A. Thierfelder), zum Schluss ein Tänzchen.

Am 25. November, dem Tage vor dem Totenfeste, wurde durch Oberlehrer Dr. Overbeck das Ecce für folgende alte Afraner gehalten*):

1. Richard Alexander Rose aus Dresden, bis 1864 Advokat und Notar in Gottleuba, starb im März 1899 als Privatmann in Dresden, Afraner vom 2. August 1827 bis Ostern 1832.

2. Friedrich Hermann Haupt, geboren den 31. März 1813 in Dresden, 1841 Rektor und Kantor in Scheibenberg, 1850 Pfarrer in Oberwiesenthal, 1858 Pfarrer in Glösa bei Chemnitz, starb als Pfarrer em. in Tharandt am 5. Februar 1899, Afraner vom 19. November 1827 bis Ostern 1833.

---

*) Die obigen Mitteilungen verdanke ich der Sammlung von Prof. Lic. Türk. — Ausführlicheres über das Leben der verstorbenen Afraner s. in dem „Afranischen Ecce 1899. 4. Heft. Bearbeitet von Dr. Erwin Pollack, Oberl. zu St. Afra 1900", einem Unternehmen des Vereins ehemaliger Fürstenschüler (zu beziehen durch dessen Schriftenniederlage in Meissen).

3. Carl Fürchtegott Immanuel Kleinpaul, geboren am 5. August 1820 in Grossgrabe, studierte in Leipzig Theologie, wurde Privatgelehrter und Sprachlehrer in Altona, starb daselbst am 18. November 1898, Afraner vom 1. Januar 1833 bis Michaelis 1838.

4. Christian Samuel Theodor Kleinpaul. geboren den 9. Februar 1823 in Grossgrabe, 1860 Diakonus, 1874 Pfarrer in Altenberg, starb als Pastor em. in Radeburg am .10. März 1899. Afraner vom 4. Januar 1836 bis Michaelis 1840.

5. Emil von Kessinger, geboren den 15. September 1826 in Baselitz bei Grossenhain, Gerichtsamtsaktuar in Voigtsberg und Ölsnitz, dann Referendar in Ölsnitz und Leipzig, Assessor in Leipzig und Chemnitz, starb als Amtshauptmann a. D. von Dippoldiswalde und Oberregierungsrat zu Dresden im Novbr. 1899, Afraner von Michaelis 1839 bis Michaelis 1845.

6. Oswald Alexander Freiherr von Feilitzsch, geboren den 27. April 1827 in Olbern-hau, Landesältester im Kreise Reichenbach und Rittergutsbesitzer auf Pfaffendorf, Reg.-Bez. Breslau, starb daselbst 1898, Afraner von Michaelis 1840 bis Michaelis 1845.

7. Martin Gustav Philipp, geboren den 10. November 1833 zu Hohnstein, 1872 Bezirksgerichtsrat in Borna. 1875 Amtsrichter in Sayda, 1881 Amtsrichter und 1883 Oberamtsrichter in Kamenz, starb daselbst am 11. Juni 1899, Afraner von Ostern 1847 bis Michaelis 1852.

8. Karl Eduard Ruscher, geboren den 29. April 1840 zu Siebenlehn, 1873 Assessor beim Gerichtsamte Döbeln, 1874 desgleichen beim Bezirksgericht Zwickau, starb daselbst als Landgerichtsrat am 15. März 1899, Afraner von Ostern 1855 bis Ostern 1861.

9. Karl Lebrecht Scheuffler, geboren den 9. Juli 1844 in Lommatzsch, starb als Rechtsanwalt und Notar in Leipzig am 9. April 1899, Afraner von Michaelis 1857 bis Michaelis 1863.

10. Hermann Friedrich Schneider, geboren den 12. Januar 1851 in Gönnsdorf, Offizier im Schützenregiment Nr. 108, zuletzt Bataillons-Kommandeur bei dem 4. Infanterie-Regiment Nr. 103, starb als Oberstleutnant z. D. am 17. August 1899 in Leipzig, Afraner von Michaelis 1868 bis 16. Juli 1870.

11. Wilhelm Arnold Roscher, geboren den 3. Februar 1870 in Schandau, studierte in Leipzig Theologie, starb als Predigtamts-Kandidat und Hauslehrer in Dominke bei Stolp in Pommern am 24. November 1898, Afraner von Ostern 1884 bis Michaelis 1889.

12. Paul Robert Häbold, geboren den 29. Oktober 1877 in Clieben bei Coswig, starb nach langer Krankheit plötzlich im väterlichen Gute zu Clieben am 9. September 1899, Afraner von Ostern 1892 bis Ostern 1895. —

Die 24 Abiturienten nebst dem durch Verordnung vom 26. Januar zugelassenen, im Sommer 1899 wegen Krankheit abgegangenen K. Kopp fertigten die schriftlichen Arbeiten am 17. und 19.—23. Februar und bestanden am 15. und 16. März sämtlich die mündliche Prüfung, welche Herr Geheimer Schulrath D. Dr. Vogel als Königl. Kommissar leitete. Ihre Entlassung, bei welcher A. Poetzsch mit einer griechischen, Fr. Rohrwerder mit einer lateinischen, P. Waentig mit einer deutschen, A. von Keller mit einer französischen Rede, F. Türk mit einem lateinischen Gedicht, M. Pietzold hebräisch valedizierten, F. Poetzsch im Namen des Cötus respondierte, fand am 21. März, dem Geburtstage des Kurfürsten Moritz, statt.

Für die Aufnahmeprüfung zu Ostern d. J. (24. und 25. April) waren nach Verordnungen des Königlichen Kultusministeriums 39 Schüler vorgeladen worden, von welchen einer wegen Krankheit nicht erschien, einer die Prüfung nicht bestand, zwei nach ihr auf die Aufnahme verzichteten, weil sie keine Stelle im Alumnat erhalten konnten; die übrigen 36 wurden in die Anstalt aufgenommen, 20 als Alumnen, 16 als Extraneer.

Am Himmelfahrtstage, dem 24. Mai, wurden 19 Schüler, 17 Alumnen und 2 Extraneer, durch den Pastor von St. Afra, Herrn Lic. theol. Dr. Lippert, feierlich eingesegnet, nachdem sie vorher von dem Religionslehrer der Schule, Prof. Lic. Türk, in besonderen Unterrichtsstunden vorbereitet worden waren. Daran schloss sich die gemeinsame Abendmahls-

48

feier des Kollegiums und der konfirmierten Schüler, wie eine solche auch am Reformations-
feste des vorigen Jahres, den 31. Oktober, begangen worden ist. —

Am 13. Juni tagte die diesjährige Hauptversammlung des Vereins ehemaliger Fürstenschüler in unserer Aula und beschloss einen von seinem Vorsitzenden, Herrn Oberstleutnant
Königsheim, seit Jahren mit besonderer Liebe verfolgten Plan zu verwirklichen und künftig
jedes Jahr ²/₃ der Kassenüberschüsse zur Unterstützung früherer Fürstenschüler (jetzt 1000 Mark)
dem Vorstand zu überweisen. Der Verein hat damit einen neuen Beweis seines lebhaften
Interesses für die Stätten seiner Schulbildung gegeben, wofür wir ihm herzlich dankbar sind.

Von den Verordnungen des Königl. Ministeriums des Kultus und öffentlichen Unterrichts sind, soweit dies nicht bereits geschehen ist, folgende anzuführen: Vom 3. Juni 1899:
Für den Beitrag für die Verpflegung der Schüler auf der Turnfahrt aus der Wirtschaftskasse
(35 M.) ist künftig besondere Genehmigung nicht erforderlich. — Vom 13. Juni: Die Verwaltung der Schulbibliothek wird an Stelle des Prof. Dr. Weinhold vom 16. Juli dem
Oberlehrer Dr. Pollack übertragen. — Vom 26. Juli: Mit der ersten Censur ausgezeichnete
Abiturienten, welche die technische Hochschule besuchen wollen, können ebenfalls zur Er-
langung eines Königl. Stipendiums namhaft gemacht werden. – Vom 26. August: Die bean-
tragten Herstellungsarbeiten in der Ruine des Klosters zum Heiligen Kreuz sind auf die
Finanzperiode 1902/03 zu verschieben. — Vom 13. September: Der (seit dem 1. Sept. 1889
hier angestellte) Aufwärter Kretzschmar wird als Hausmann an die Taubstummenvorschule in
Plauen b. Dr. versetzt. — Vom 5. Oktober: Die Beschaffung eines Arbeitstisches für das
physikalische Kabinett wird genehmigt. — Vom 10 Oktober: Hinweis auf Wuttkes Sächsische
Volkskunde. — Vom 20. Oktober: Der Militäranwärter Hempe ist zunächst probeweise als
Aufwärter vom 1. November an zu beschäftigen. — Vom 2. Dezember: Die Abiturienten sind
auf die Nichtanerkennung der Universitätsstudien in Freiburg in der Schweiz aufmerksam zu
machen. — Vom 11. Dezember: „Den Eltern oder sonstigen Erziehungspflichtigen der für die
Fürstenschule angemeldeten Zöglinge ist künftig bei der Vorladung zur Aufnahmeprüfung ein
Formular mit 12 die Gesundheit ihres Sohnes oder Pflegebefohlenen betreffenden Fragen mit
dem Veranlassen zu übersenden, dasselbe durch ihren Hausarzt ausfüllen zu lassen und bei der
Vorstellung des Angemeldeten zur Aufnahmeprüfung mitzubringen, bez. dem letzteren mit-
zugeben. Auch kann es das Ministerium nur billigen, wenn derjenige Familienangehörige,
welcher einen Knaben zur Aufnahmeprüfung begleitet, zur Teilnahme an der schulärztlichen
Untersuchung desselben behufs der Auskunftserteilung auf die von dem Arzte zu stellenden
Fragen zugezogen wird.“ — Vom 28. Dezember: Regierungsassessor Dr. W. S. von Pflugk in
Pirna wird als Kollator der von Pflugk-Osterlander Stelle anerkannt. — Vom 27. Januar 1900:
Der Militäranwärter Hempe wird vom 1. Februar an definitiv als Aufwärter angestellt. — Vom
30. Januar: Die Einführung der griechischen Schulgrammatik von B. Gerth wird genehmigt. —
Vom 31. März: Professor Dr. Gilbert wird zum archäologischen Osterkursus in Dresden zu-
gelassen. — Vom 30. März (und 10. Mai): Prof. Dr. Gilbert wird zur Teilnahme am archäologischen Ferienkursus vom 5.—13. Juni in Bonn und Trier abgeordnet. — Vom 5. Mai: Neue
auf Anregung des Herrn Reichskanzlers getroffene Bestimmungen über Punkt b des auf dem
Muster 18 zu § 90 der Wehrordnung, betr. das Zeugnis über die wissenschaftliche Befähigung
für den einjährig-freiwilligen Dienst, aufgedruckten Vermerkes über die Belege, welche neben
diesem Zeugnisse dem Gesuche um Erteilung des Berechtigungsscheines beizufügen sind.
„Gleichzeitig wird, der weiteren Anregung des Herrn Reichskanzlers entsprechend, verordnet,
dass, um für die richtige Fassung der fraglichen Erklärungen eine Gewähr zu schaffen, künftig
auf Benutzung des aus einer mitfolgenden Beilage ersichtlichen Schemas seiten der gesetzlichen
Vertreter der Zeugnisempfänger hinzuwirken ist.“

# Rechnungsabschlüsse

## a) der Afraner-Stiftung.

Der Afraner-Stiftung flossen in diesem Jahre folgende Geschenke von Abiturienten zu, für die wir hiermit bestens danken: Rohrwerder 15 Mark, Waentig 30 Mark, Türk 10 Mark.

| Einnahme. | | Ausgabe. | |
|---|---|---|---|
| Kassenbestand am 31. Mai 1899 . . . ℳ 378.99 | | 9 Pensionen . . . . . . . . . . . ℳ 1170.— | |
| Summe obiger Geschenke . . . . . . „ 55.— | | Einkommensteuer, Stadtanl., afranische | |
| 3 Programmabonnements . . . . . . . „ 14.85 | |    Kirchen- und Schulanlagen . . . „ 32.54 | |
| Zinsen des Stammkapitals . . . . . . „ 1191.50 | | Programme, Schülerverz., Porti . . . „ 51.31 | |
| Sparkassenzinsen für 1899 . . . . . „ 12.42 | | Sa. ℳ 1253.85 | |
| Ausgelostes Wertpapier . . . . . . . „ 300.— | | | |
| Eintrittsgeld des Oberl. Dr. Brandstätter „ 28.— | | Vergleichung. | |
| Jahresbeiträge der 13 Mitglieder . . . „ 78.— | | Einnahme . . . . . . . . . . . ℳ 2186.96 | |
| Gehaltserhöhungsprozente . . . . . . „ 35.— | | Ausgabe . . . . . . . . . . . . „ 1253.85 | |
| Schülerverzeichnisse, Programme, kl. Einn. „ 93.20 | | Kassenbestand (Sparkasseneinlage) . . ℳ 933.11 | |
| Sa. ℳ 2186.96 | | | |

Nennwert des **Stiftungsvermögens** . . ℳ 36408.11
**Zuwachs** im letzten Rechnungsjahre . „ 254.12

## b) der Hilfskasse der Afraner-Stiftung.

| Einnahme. | | Ausgabe. | |
|---|---|---|---|
| Kassenbestand am 31. Mai 1899 . . . ℳ 34.56 | | 2 Pensionen . . . . . . . . . . ℳ 100.— | |
| Zinsen des Stammkapitals . . . . . . „ 159.50 | | Sa. ℳ 100.— | |
| Sparkassenzinsen für 1899 . . . . . „ 3.43 | | Vergleichung. | |
| Jahresbeiträge der 12 Mitglieder . . . „ 72.— | | Einnahme . . . . . . . . . . . ℳ 280.80 | |
| Kleine Einnahmen . . . . . . . . „ 11.31 | | Ausgabe . . . . . . . . . . . . „ 100.— | |
| Sa. ℳ 280.80 | | Kassenbestand (Sparkasseneinlage) . . . ℳ 180.80 | |

Nennwert des **Stiftungsvermögens** . . ℳ 4880.80
**Zuwachs** im letzten Rechnungsjahre . „ 146.24

---

# Stipendium der alten Afraner.

### Einnahme.

| | |
|---|---|
| Das Stiftungskapital beläuft sich jetzt auf . . . . . . . . . | ℳ 6500.— |
| Sparkasseneinlage Ende 1899 . . . . . . . . . . . . . | „ 52.83 |
| Zinsen zu $3^3/_4$ % von 6000 ℳ auf das Jahr vom 1. April 1899 bis mit 31. März 1900 | „ 225.— |
| Desgleichen zu $3^1/_2$ % von 500 ℳ auf dasselbe Jahr . . . . . . | „ 17.50 |
| Sparkassenzinsen zu 3 % auf das Jahr 1899 . . . . . . . . | „ 4.10 |
| Summa der Einnahme: | ℳ 6799.43 |

### Ausgabe.

| | |
|---|---|
| Stipendium für Ostern 1900 für den Abiturienten Albert Poetzsch . . . . | ℳ 245.— |
| Summa der Ausgabe: | ℳ 245.— |

Bestand der Stiftung: ℳ 6554.43.

---

Bei dem öffentlichen Redeaktus Sonnabend, den 30. Juni, vormittags 9 Uhr in der Aula, zu welchem wir Gönner und Freunde unserer Anstalt hiermit ergebenst einladen, werden folgende Reden gehalten werden:

1. Deutsche Rede des Oberprimaners Friedrich Poetzsch aus Skässchen: Schillers Sehnsucht.
2. Griechische Rede des Oberprimaners Woldemar Dietrich aus Leipzig: Διὰ τί Δημοσθένει δοκοῦσιν οἱ Ἀθηναῖοι παραχωρεῖν τῆς τάξεως, ἥν αὐτοῖς οἱ πρόγονοι κατέλιπον.

3. Lateinische Rede des Oberprimaners Walter Felcht aus Dahlen: De Horatii sex primis carminibus libri tertii.

4. Französische Rede des Oberprimaners Kurt Roitzsch aus Chemnitz: L'anniversaire de Sainte Afra.

5. Hebräische Rede des Oberprimaners Karl Ruppel aus Radeburg: Das Heimweh der Juden.

6. Lateinische Elegie des Unterprimaners Guido Winter aus Weesenstein: Iltis scaphae tormentariae cum praefecto nantisque in aquis Sinensibus exitium.

Fürsten- und Landesschule St. Afra in Meissen, den 19. Juni 1900.

**Dr. Hermann Peter.**

# Verzeichnis

der Alumnen und Extraneer der Fürsten- und Landesschule zu St. Afra in Meissen.
Schulfest 1900.

| Name. | Geburts- | | Vater. | Stelle. | Tutor. |
| --- | --- | --- | --- | --- | --- |
| | Ort. | Tag u. Jahr. | | | |
| **Prima A.** | | | | | |
| Poetzsch, Friedrich, Insp. | Skässchen | 21. Juni 1881 | Pfarrer | Priesterstelle | Oberl. Heyden |
| * Dietrich, Waldemar | Leipzig | 6. Jan. 1882 | Professor, St. Afra | Stadtextraneer | Prof. Dietrich |
| Felcht, Walther, Insp. | Dahlen | 7. Sept. 1881 | Stadtgutsbesitzer | Famulatur | Oberl. Elle |
| Pflugbeil, Karl, Insp. | Miltitz | 27. Sept. 1881 | Kantor, Cölln a/E. | Famulatur | Prof. Reinhardt |
| Mrosack, Georg, Insp. | Gr.-Postwitz | 28. Dez. 1881 | Pfarrer | Wend. Priesterstelle | Prof. Gilbert |
| Roitzsch. Kurt, Insp. | Chemnitz | 24. Okt. 1882 | Betriebssekretär | Grünhain b. Ost. 1901 | Oberl. Elle |
| Lange. Walter, Insp. | Leipzig | 12. Juli 1882 | Kaufmann | Kgl. Freistelle | Prof. Schmidt |
| Ramfeld, Kurt, Insp. | Meissen | 3. Aug. 1881 | Fleischermeister | O. Koststelle | Prof. Dietrich |
| v. Hartmann, Karl, Insp. | Obergersdorf | 7. Febr. 1881 | Privatier, Cölln a/E. | v. Schönberg-Oberreinsberg | Prof. Reinhardt |
| Steinbach, Johannes, Insp. | Wittgensdorf | 9. März 1881 | Bürgermeister. Wolkenstein | Freiberg | Prof. Türk |
| Fiedler, Arthur, Insp. | Nossen | 17. Sept. 1881 | Baumeister | Nossen | Oberl. Overbeck |
| Ruppel I., Karl, Iusp. | Radeburg | 30. Juli 1880 | Oberpfarrer | Priesterstelle | Prof. Dietrich |
| Wehner, Johannes, Insp. | Olbernhau | 4. Sept. 1881 | Pfarrer † | Priesterstelle | Oberl. Overbeck |
| Grohmann, Karl | Hirschsprung | 14. Okt. 1881 | Forstmeister, Glasten | Kgl. Freistelle | Oberl. Elle |
| v. Trützschler I., Hans | Dorfstadt bei Falkenst. i/V. | 21. Juni 1882 | Rittergutsbesitzer, Domherr | Stelle v. Trützschlerschen Tisches | Der Rektor |
| Hofmann, Johannes | Sebnitz | 23. März 1880 | Pfarrer † | Sebnitz | Prof. Dietrich |
| * v. Schönberg. Bernhard | Dresden | 26. Mai 1882 | Wirkl. Geh. Rat | Extr. Oberl. Overbeck | Oberl. Overbeck |
| * Henning, Wilhelm | Pirkenhammer bei Karlsbad | 10. Juli 1881 | Buchhalter | Extr. Oberl. Overbeck | Oberl. Overbeck |
| Grossmann, Constantin | Pulsnitz | 3. Aug. 1881 | Pastor Sec. † | Freiberg | Prof. Reinhardt |
| Erdmann. Alfred | Streumen | 22. Dez. 1880 | Gutsbesitzer | Kgl. Freistelle | Oberl. Pollack |
| Kannegiesser I., Johann. | Riesa | 26. Sept. 1881 | Oberlehrer | Kgl. Freistelle | Oberl. Pollack |
| Bornemann I., Emil | Dresden | 7. Nov. 1881 | Geh. Schulrat | Dresden | Prof. Türk |
| 22 (19 + *3). | | | | | |
| **Prima B.** | | | | | |
| Winter, Guido | Weesenstein | 21. Juli 1882 | Fabrikdirekt., Wertheim bei Hameln | Famulatur | Prof Gilbert |
| * Hübler, Erich | Reudnitz | 18. Jan. 1882 | Postdirekt., Meissen | Stadtextraneer | Oberl. Overbeck |
| Wagner I., Albert | Grossröhrsdorf | 3. Mai 1883 | Fabrikant | Famulatur | Prof. Türk |
| Tjarks, Theodor | Grossenhain | 31. Mai 1882 | Kaufmann | Grossenhain | Prof. Gilbert |
| Naechster, Moritz | Glashütte | 21. Dez. 1882 | Pfarrer † | Glashütte | Prof. Schwabe |

| Name. | Geburts- | | Vater. | Stelle. | Tutor. |
| | Ort. | Tag u. Jahr. | | | |
| --- | --- | --- | --- | --- | --- |
| Härtel, Erich | Dresden | 16. Nov. 1881 | Schuldirektor † | Dresden | Oberl. Elle |
| Grünberg, Georg | Wolkenstein | 16. Mai 1883 | Amtsrichter | Freiberg | Prof. Schwabe |
| Hassfurther, Hans | Eibenstock | 20. Juli 1881 | Dr. med. † | Kgl. Freistelle | Prof. Gilbert |
| Reichel, Fritz | Buchholz | 22. Okt. 1882 | Bürgerschullehrer | Kgl. Freistelle | Oberl. Pollack |
| Günther, Karl | Löbau | 16. Juni 1880 | Seminaroberlehrer † | Kgl. Freistelle | Prof. Schmidt |
| Bornemann II., Paul | Dresden | 29. Mai 1883 | Geh. Schulrat | v. Schleinitz | Prof. Türk |
| Ebner, Kurt | Frauendorf | 10. Sept. 1882 | Kantor, Sensalitz | Stolpen b. Ost. 1901 | Prof. Türk |
| Reichardt, Felix | Geithain | 4. März 1883 | Oberleutnant a. D., Bautzen | Kgl. Freistelle | Oberl. Elle |
| Krumbiegel, Martin | Rosswein | 30. Okt. 1882 | Kaufmann † | O. Koststelle | Oberl. Heyden |
| Krausse, Hans | Dresden | 28. Nov. 1881 | Zollrat | Schlettau | Oberl. Heyden |
| Papsdorf, Rudolf | Hainichen | 1. Nov. 1881 | Rechtsanwalt † | O. Koststelle | Prof. Dietrich |
| Höpfner, Hans | Lommatzsch | 24. Juni 1881 | Oberlehrer | Lommatzsch | Oberl. Overbeck |
| Zimmermann, Friedrich | Leisnig | 8. Sept. 1881 | Superintendent, Rochlitz | v. Friesen | Oberl. Heyden |
| Hoche, Rudolf | Cölln a/E. | 27. Mai 1883 | Bossierer, Meissen | Kgl. Freistelle | Prof. Reinhardt |
| Burkhardt, Wilhelm | Schneeberg | 6. Mai 1883 | Oberlehrer, Friedeburg bei Freiberg | Freiberg | Prof. Reinhardt |
| Rössler I., Karl | Frankenberg | 12. Nov. 1880 | Realsch.-Oberlehrer, Meissen | Meissen | Der Rektor |
| Kaeubler, Horst | Mittweida | 11. Juli 1881 | Oberbürgermeister, Bautzen | Schandau | Oberl. Pollack |
| Kretzschmar, Friedrich | Grossenhain | 3. Dez. 1882 | Rechtsanwalt | O. Koststelle | Oberl. Overbeck |

23 (22 + *1).


**Sekunda A.**

| Name. | Geburts- | | Vater. | Stelle. | Tutor. |
| | Ort. | Tag u. Jahr. | | | |
| --- | --- | --- | --- | --- | --- |
| Wellner, Erich | Schwarzenberg | 9. Nov. 1883 | Stadtkassierer | Kgl. Freistelle | Oberl. Pollack |
| *Schmidt I., Hellmut | Dresden | 11. April 1884 | Professor, St. Afra | Stadtextraneer | Prof. Schmidt |
| Gilbert, Walter | Meissen | 30. Mai 1883 | Professor, St. Afra | v. Schleinitz | Prof. Gilbert |
| Friedrich I., Ernst | Altchemnitz | 8. März 1884 | Amtsgerichtsrat, Pirna | Pirna | Oberl. Heyden |
| Stange, Alfred | Mutzschwitz | 14. Jan. 1884 | Gutsbesitzer, Röhrsdorf bei Wilsdruff | v. Schleinitz | Der Rektor |
| *Bässler, Fritz | Glauchau | 5. Juni 1884 | Stadtrat | Extr. Obl. Overbeck | Oberl. Overbeck |
| Lipffert, Ernst | Posseck | 16. Mai 1883 | Pfarrer, Hain | Priesterstelle | Der Rektor |
| Gesell, Friedrich | Meissen | 11. Jan. 1883 | Kommerzienrat, Kgl. Porz.-Manuf. | O. Koststelle | Oberl. Heyden |
| Schreyer, Johannes | Waldenburg | 26. Juni 1883 | Seminaroberlehrer, Annaberg | Annaberg | Prof. Gilbert |
| Kuhn, Franz | Frankenberg | 10. März 1884 | Stadtrat, Dresden | Dresden | Oberl. Elle |
| *Reinhardt, Walther | Plauen i/V. | 30. Okt. 1883 | Professor, St. Afra | Stadtextraneer | Prof. Reinhardt |
| v. Trützschler II., Otto | Dorfstadt bei Falkenst. i/V. | 17. April 1884 | Rittergutsbesitzer, Domherr | Stelle v. Trützschlerschen Tisches | Der Rektor |
| Jäger, Paul | Dresden | 17. Okt. 1883 | Kaufmann † | Dresden | Oberl. Pollack |
| Schuster, Max | Olbernhau | 17. April 1882 | Holzhändler, Dahlen | v. Schleinitz | Oberl. Pollack |
| Schultz I., Walter | Stollberg | 7. Okt. 1883 | Direktor, Altendorf | Zwönitz | Oberl. Elle |
| Klemm, Theodor | Striessen | 8. Okt. 1882 | Oberpfarrer, Strehla | v. Pflugk-Cottewitz | Prof. Dietrich |
| Hickmann, Johannes | Cölln a/E. | 10. Aug. 1881 | Pfarrer | Priesterstelle | Prof. Schmidt |
| *Thierfelder, Ulrich | Königswartha | 21. Jan. 1883 | Medizinalrat † | Stadtextraneer | Prof. Schwabe |
| Ruppel II., Heinrich | Radeburg | 3. Dez. 1881 | Oberpfarrer | Priesterstelle | Prof. Dietrich |
| Schubert, Oswald | Geyer | 1. März 1884 | Wirtschaftsbesitzer | v. Schleinitz | Prof. Reinhardt |
| Lampadius, Kurt | Meissen | 18. Juni 1883 | Archidiakonus | Bergknappschaft | Prof. Türk |
| Gutermuth, Erich | Pirna | 29. Aug. 1883 | Kaufmann, Copitz | Pirna | Prof. Schwabe |
| Brückner, Hermann | Glauchau | 3. Jan. 1884 | Sanitätsrat | Dittersbach | Prof. Reinhardt |

| Name. | Geburts- | | Vater. | Stelle. | Tutor. |
| --- | --- | --- | --- | --- | --- |
| | Ort. | Tag u. Jahr. | | | |
| Komann, Alfred | Rosswein | 16. Sept. 1882 | Privatier | Rosswein | Oberl. Overbeck |
| Möller, Manfred | Wurzen | 14. Mai 1883 | Professor, Dresden | Dresden | Prof. Türk |
| Stahl, Markus | Annaberg | 28. Sept. 1882 | Musikdirekt., Meiss. | Kgl. Freistelle | Prof. Schmidt |
| *Siegfried, Erwin | Gera | 22. Juni 1883 | Zahnarzt, Meissen | Stadtextraneer | Prof Reinhardt |
| Walther, Karl | Grossenhain | 11. Aug. 1883 | Corpsrossarzt, Leipzig | Altenberg | Prof. Schwabe |
| Schmidt II., Walther | Dresden | 26. Okt. 1883 | Landbaumeister, Meissen | A. Koststelle | Prof. Schmidt |
| *Rössler II., Rudolf | Schandau | 8. Febr. 1883 | Finanzrat, Dresden | Extr. Oberl. Heyden | Oberl. Heyden |

30 (24 + *6).

### Sekunda B.

| Name. | Ort. | Tag u. Jahr. | Vater. | Stelle. | Tutor. |
| --- | --- | --- | --- | --- | --- |
| Fröhlich, Gerhard | Schwarzenberg | 2. Mai 1885 | Lehrer | Kgl. Freistelle | Oberl. Pollack |
| Merbach, Friedrich | Zwickau | 26. Aug. 1885 | Gewerberat, Meissen | Kgl. Freistelle | Prof. Türk |
| Horbach, Paul | Reichenbach i/V. | 11. Nov. 1884 | Klempnermeister | Penig bis Ost. 1901 | Prof. Reinhardt |
| Agricola, Wilhelm | Oelsen | 3. Aug. 1884 | Pfarrer | Priesterstelle | Prof. Schmidt |
| Lorenz, Siegfried | Mylau i/V. | 21. Juni 1884 | Lehrer | Kgl. Freistelle | Oberl. Heyden |
| Schippel, Erhardt | Meissen | 15. Sept. 1884 | Fabrikbesitzer | Meissen | Der Rektor |
| Dathe, Hans | Frankenberg | 22. Sept. 1884 | Kaufmann | O. Koststelle | Prof. Reinhardt |
| Roch. Heinrich | Cölln a/E. | 15. Juni 1885 | Privatier | A. Koststelle | Oberl. Heyden |
| Ay, Herbert | Müglenz | 2. Mai 1885 | Gutsbesitz.,Hohburg | Kgl. Freistelle | Prof. Schwabe |
| Richter, Oskar | Ebersbach | 13. Febr. 1885 | Betriebssekr.,Rochlitz | Kgl. Freistelle | Prof. Schmidt |
| Eisemann, Friedrich | Reinsberg | 2. Nov. 1884 | Pfarrer, Staucha | Priesterstelle | Prof. Türk |
| Recke, Gerhard | Sachsendorf | 26. April 1884 | Pfarrer, Kühren | Freiberg | Prof. Gilbert |
| Graunitz, Herbert | Schleben b.Müg. | 30. April 1884 | Privatier, Cölln a/E. | O. Koststelle | Oberl. Heyden |
| Nitzsche, Theodor | Bräunsdorf | 16. Dez. 1883 | Anstaltssekretär, Waldheim | Kgl. Freistelle | Prof. Dietrich |
| Jänke, Alfred | Meissen | 16. Okt. 1883 | Maschinenschloss. † | Kgl. Freistelle | Prof. Schwabe |
| Mathe, Martin | Rötha | 6. Jan. 1884 | Pfarrer | Priesterstelle | Oberl. Overbeck |
| Schultz II., Walter | Dresden | 29. Juli 1882 | Kaufmann † | v. Schönb.-Rothsch. | Prof. Gilbert |
| v. Teubern I., Ernst | Krummenhennersdorf | 5. März 1885 | Pfarrer, Ölsnitz i/E. | v. Schönb.-Reichst. | Oberl. Overbeck |
| Bartsch, Martin | Annaberg | 11. Nov. 1883 | Schuldir., Buchholz | Annaberg | Oberl. Pollack |
| Friedrich II., Kurt | Altchemnitz | 26. Juni 1885 | Amtsgerichtsrat, Pirna | Wehlen | Oberl. Heyden |
| Kaiser, Walter | Lössnitz | 22. Juni 1884 | Superintendent, Radeberg | v. Schleinitz | Oberl. Heyden |
| Kops, Franz | Blasewitz | 21. April 1885 | Porträtmaler † | v. Miltitz | Prof. Schwabe |
| Gündel, Richard | Schönbrunn | 11. Mai 1885 | Pfarrer,Lommatzsch | Kgl. Freistelle | Prof. Dietrich |
| Böhmer, Philipp | Obercunnersdorf | 1. Mai 1884 | Pfarrer, Burkhardtswalde | v. Schönb.-Wilsdruff | Prof. Schmidt |
| Sinz, Erich | Grossbothen | 1. Febr. 1885 | Förster † | O. Koststelle | Oberl. Elle |
| Kohlschütter, Reinhard | Manow in Pommern | 18. April 1884 | Forstrat, Bistritz bei Neuern in Böhmen | O. Koststelle | Prof. Gilbert |
| *Rössler III., Erich | Meissen | 27. Sept. 1883 | Realsch.-Oberlehrer | Stadtextraneer | Der Rektor |
| Lehmann, Rudolf | Annaberg | 26. Juni 1884 | Kaufmann | Annaberg | Prof. Reinhardt |
| Wagner II., Johannes | Niederlössnitz | 14. April 1885 | Pastor (Diak.-Anst.) | Siebenlehn b.O. 1902 | Oberl. Heyden |
| *Herold, Friedrich | Dresden | 2. Dez. 1883 | Hotelbesitzer | Extr. Oberl. Heyden | Oberl. Heyden |
| *Röber, Benno | Dresden | 19. Aug. 1884 | Civil-Ingenieur | Stadtextraneer | Oberl. Heyden |
| Maune, Kurt | Röhrsdorf bei Wilsdruff | 7. Nov. 1884 | Privatier | A. Koststelle | Oberl. Elle |
| Wecke, Richard | Wiesa b.Schönfeld i. S. | 11. Febr. 1886 | Rittergutsbesitzer † | A. Koststelle | Oberl. Overbeck |

33 (30 + *3).